Nordrhein-Westfälische Akademie der Wissenschaften

Geisteswissenschaften   Vorträge · G 342

Herausgegeben von der
Nordrhein-Westfälischen Akademie der Wissenschaften

HANS JOACHIM HIRSCH

Rechtsstaatliches Strafrecht und
staatlich gesteuertes Unrecht

Westdeutscher Verlag

Leo-Brandt-Vortrag am 21. September 1994 in Düsseldorf

Die Deutsche Bibliothek - CIP-Einheitsaufnahme

Hirsch, Hans Joachim:
Rechtsstaatliches Strafrecht und staatlich gesteuertes Unrecht / Hans Joachim Hirsch. - Opladen: Westdt. Verl., 1996
   (Vorträge / Nordrhein-Westfälische Akademie der Wissenschaften: Geisteswissenschaften; G 342)
   ISBN 3-531-07342-7
NE: Nordrhein-Westfälische Akademie der Wissenschaften (Düsseldorf): Vorträge / Geisteswissenschaften

---

Der Westdeutsche Verlag ist ein Unternehmen der Bertelsmann Fachinformation.

© 1996 by Westdeutscher Verlag GmbH Opladen
Herstellung: Westdeutscher Verlag
Satz, Druck und buchbinderische Verarbeitung: Boss-Druck, Kleve
Printed in Germany
ISSN 0944-8810
ISBN 3-531-07342-7

I.*

Zum zweiten Mal innerhalb eines halben Jahrhunderts stehen wir in Deutschland vor dem Problem, wie nach der Wiederherstellung rechtsstaatlicher Verhältnisse auf das staatlich gesteuerte Unrecht eines totalitären Herrschaftssystems reagiert werden kann.

Das vielfältige kriminelle Unrecht während der nationalsozialistischen Diktatur hatte bekanntlich seinen Schwerpunkt bei den verbrecherischen Konsequenzen der Rassenideologie, sei es der Massenvernichtung von Juden und auch Zigeunern, sei es der im Zeichen der „Rassenhygiene" erfolgten Massentötung von Geisteskranken. Das kriminelle Unrecht während der Diktatur der Sozialistischen Einheitspartei bestand in Rechtsgutsverletzungen, die der Durchsetzung der kommunistischen Ideologie oder der Sicherung ihres Machtanspruchs dienen sollten. Soweit es sich um Tötungsdelikte handelte, ging es hier insbesondere um die unter dem Deckmantel einer Scheinjustiz begangenen Morde durch die Waldheim-Prozesse, die Schreckensjustiz in der Ära der Hilde Benjamin und die Tötungen an der deutsch-deutschen Grenze. Es ist dabei deutlich, daß das Tötungsunrecht der Hitler-Zeit in seinem Ausmaß und seiner kriminellen Energie das in der DDR begangene weit übertrifft. Aber Unrecht wird nicht dadurch bedeutungslos, daß andere sich noch intensiver unrechtmäßig verhalten haben. Auch ist zu beachten, daß das SED-Regime nicht nur zwölf, sondern vierzig Jahre an der Macht war, so daß es in anderen Bereichen des Unrechts, etwa bei Eingriffen in das Eigentum, die Bewegungsfreiheit, die Ausbildungs- und Berufsfreiheit, die Rechtspflege sowie bei der Bespitzelung sich besonders breit und intensiv entfalten konnte.

Die Erledigung der Unrechts-Altlasten von Diktaturen erfolgt in der Regel durch blutig verlaufende Revolutionen. Da eine solche Selbstjustiz durch die Straße weder 1945 noch 1989 stattgefunden hat, war und ist der Blick auf die Strafjustiz gerichtet. Diese ist bei der strafrechtlichen Aufarbeitung allerdings nicht nur mit dem Problem der Ahndung begangenen Unrechts, sondern auch – auf der Opferseite – mit der Frage der Gültigkeit von Strafurteilen, die während der

---

* Rechtsprechung und Schrifttum bis Herbst 1995 konnten vor der Drucklegung noch berücksichtigt werden.

Diktatur verhängt worden sind, konfrontiert. Insoweit werden auch Entschädigungsfragen bedeutsam.¹

Im Mittelpunkt der juristischen Diskussion und des Interesses der Öffentlichkeit steht jedoch die Frage nach den Möglichkeiten, gegen *Täter* staatlich gesteuerten Unrechts nach der Wiederherstellung rechtsstaatlicher Verhältnisse vorzugehen. Meine Ausführungen werden sich deshalb auf diesen Punkt konzentrieren. Bei den juristischen Fragen geht es hier vor allem um die Vereinbarkeit mit dem jedenfalls nach kontinentaleuropäischem Rechtsverständnis fundamentalen, durch Art. 103 Abs. 2 GG auch verfassungsrechtlich garantierten Grundsatz, daß eine Tat nur bestraft werden kann, wenn die Strafbarkeit gesetzlich bestimmt war, bevor die Tat begangen wurde – also dem Satz *Nullum crimen nulla poena sine lege*. Außerdem geht es, sich teilweise damit berührend, um die rechtsstaatlichen Aspekte der Verjährungsproblematik.

Das staatlich gesteuerte Unrecht, die in totalitären Herrschaftssystemen von den Inhabern der Macht angeordneten Übergriffe in elementare Rechte der Menschen, hat in diesem Jahrhundert ein bis dahin ungekanntes Ausmaß erlebt: von der UdSSR über Deutschland, sowjetische Satellitenstaaten, Uganda, Argentinien, das maoistische China bis zu aktuellen Beispielen im Orient. Im folgenden möchte ich die Probleme an den uns vor Augen stehenden beiden deutschen Diktaturen veranschaulichen.

II.

Betrachten wir also als erstes den Verlauf der strafrechtlichen Aufarbeitung des Unrechts der *NS-Zeit*. Hier besteht ein entscheidender Unterschied zur heutigen Situation darin, daß die Zuständigkeit für die Verfolgung solcher Taten zunächst weitestgehend bei den Besatzungsmächten lag.² Deren Interesse richtete sich vor allem auf die Aburteilung der Führungsgarnitur. In den Nürnberger Prozessen ging es dabei zum Teil um die Verurteilung wegen Taten, für die bis dahin noch keine Strafbarkeit bestand. Den Widerspruch zum Satz Nullum crimen sine lege betrachtete der Internationale Militärgerichtshof bekanntlich für unerheblich und verhängte auch in solchen Fällen Todesstrafen oder hohe Freiheitsstrafen. Rechtsstaatlichen Maßstäben, wie sie sich in bezug auf das strafrechtliche Rückwirkungs-

---

[1] Hinsichtlich der Opfer von Staatsunrecht in der ehemaligen DDR siehe das Gesetz über die Rehabilitierung und Entschädigung von Opfern rechtsstaatswidriger Strafverfolgungsmaßnahmen im Beitrittsgebiet (Strafrechtliches Rehabilitierungsgesetz) v. 29. 10. 1992 (BGBl. I, 1814).
[2] Vgl. Art. III Kontrollratsgesetz Nr. 4 v. 30. 10. 1945 und Art. III Kontrollratsgesetz Nr. 10 v. 20. 12. 1945. Eine Änderung erfolgte erst mit dem am 1. 1. 1950 in Kraft getretenen Gesetz Nr. 13 der Alliierten Hohen Kommission v. 25. 11. 1949.

verbot inzwischen weltweit durchgesetzt und in internationalen Abkommen Ausdruck gefunden haben, entsprach diese Sichtweise nicht.[3]

Im übrigen wurden Täter, deren Taten sich gegen ausländische Staatsangehörige richteten, von den Besatzungsmächten nicht selten an ausländische Staaten ausgeliefert und dort entweder zum Tode oder zu langjährigen Freiheitsstrafen verurteilt.

Vor Gründung der Bundesrepublik konnte sich die deutsche Strafjustiz vor allem mit Verfahren gegen Ärzte befassen, die sich an der durch einen Geheimbefehl Hitlers angeordneten Tötung von Geisteskranken – einer Aktion mit insgesamt ca. 100 000 Opfern – beteiligt hatten.[4] Die Frage, ob ein Führerbefehl während der NS-Zeit Gesetzesrang hatte, und bejahendenfalls, ob er wegen Verstoßes gegen höherrangige allgemeine Rechtsprinzipien trotz des Satzes Nullum crimen sine lege strafrechtlich unberücksichtigt bleiben dürfte, brauchte in diesen Verfahren jedoch nicht beantwortet zu werden. Die Gerichte wiesen vielmehr darauf hin, daß ein Geheimbefehl schon deshalb kein Gesetz sein kann, weil zum Wesen eines jeden Gesetzes die öffentliche Verkündung gehört[5] – was übrigens auch die vorherrschende juristische Auffassung während der NS-Zeit gewesen ist.[6]

Nach Gründung der Bundesrepublik wurde die westdeutsche Strafrechtspflege dann auch mit Verfahren gegen KZ-Täter befaßt. Die Ermittlungen in diesen Verfahren kamen aber nur langsam voran, was von den Justizbehörden mit den Schwierigkeiten, Beweismaterial aus dem Osten zu bekommen, erklärt worden ist, von Kritikern dagegen auf geringes Verfolgungsengagement zurückgeführt wird. Den Höhepunkt bildete der Auschwitz-Prozeß, der erst Mitte der sechziger Jahre stattfand. Die Verzögerung hatte zur Folge, daß die Verjährungsfrage virulent wurde. Zwar war anerkannt, daß die Verjährung mangels staatlicher Verfolgung zwischen der Begehung der Tat und dem Ende des Dritten Reiches geruht hatte,[7] aber die Verjährungsfrist für Mord betrug damals nur zwanzig Jahre. Der Gesetzgeber sah sich deshalb zum Eingreifen genötigt. Im Jahre 1965 stellte er klar, daß die Zeit von der deutschen Kapitulation bis Ende 1949 wegen des durch das Besatzungsrecht bedingten Fehlens einer einschlägigen deutschen Amtsgewalt bei der Berechnung außer Ansatz zu bleiben habe, und 1969 sah er sich veranlaßt, die Verjährungsfrist bei Mord auf dreißig Jahre zu verlängern. Als schließlich 1979

---

[3] Näher dazu *Jescheck*, Strafrecht, Allg. Teil, 4. Aufl. 1988, S. 107f., 119 m. w. N.
[4] Vgl. aus der höchstrichterlichen Rechtsprechung die Entscheidungen OGHSt 1, 321 und 2, 117.
[5] Vgl. insbesondere die vorgenannten Entscheidungen S. 324 bzw. S. 118.
[6] Vgl. die Nachweise bei *Welzel,* NJW 1964, 521f.
[7] BGHSt. 18, 367; 23, 137, 139; BGH NJW 1962, 2308; *Schönke/Schröder,* StGB, 11. Aufl. 1963, § 69 Rnr. 2

erneut die Verfolgungsverjährung drohte, entschloß er sich dazu, Mord für unverjährbar zu erklären.[8]

Damals wurde diskutiert, ob die Verlängerung einer noch nicht abgelaufenen Verjährungsfrist mit dem Satz Nullum crimen nulla poena sine lege vereinbar ist. Auf der Grundlage der schon zuvor herrschenden prozessualen Theorie, nach der die Verfolgungsverjährung nur ein strafprozessuales Verfahrenshindernis bildet, setzte sich die Auffassung durch, daß sie nicht zum Anwendungsbereich dieses Satzes gehört.[9] Das griff dann der Gesetzgeber auf, als er die genannten Fristverlängerungen vornahm.

Schwergetan hat sich die Justiz mit der Ahndung des *Justiz*unrechts der NS-Zeit. Daß insbesondere kein Richter des Volksgerichtshofs wegen Rechtsbeugung bestraft worden ist, erweckt großes Unbehagen.

Auch wenn die strafrechtliche Aufarbeitung des staatlich gesteuerten Unrechts der NS-Zeit die Gerechtigkeitserwartungen nicht voll erfüllt hat, darf man die Betrachtung aber eben nicht auf die Zeit nach der Gründung der Bundesrepublik beschränken. Vielmehr muß beachtet werden, daß die Haupttäter und auch andere Beteiligte bereits von den Besatzungsmächten strafrechtlich verfolgt worden sind. Hinzu kommt, daß ein nicht geringer Personenkreis nach 1945 in Lagerhaft genommen worden ist und dabei nicht wenige zu Tode gekommen sind, zumal im Bereich der sowjetischen Besatzungsmacht.[10]

---

[8] Siehe zum vorhergehenden: Gesetz über die Berechnung strafrechtlicher Verjährungsfristen v. 13. 4. 1965 (BGBl. I, 315); Neuntes Strafrechtsänderungsgesetz v. 4. 8. 1969 (BGBl. I, 1065); Sechzehntes Strafrechtsänderungsgesetz v. 16. 7. 1979 (BGBl. I, 1046). Schon in BGHSt. 1, 84, 89 ff. heißt es, daß die Verjährung ruhte während der Zeit, in der auf Grund des Art. I MRG Nr. 2 den zur Strafverfolgung berufenen deutschen Gerichten die Amtsgewalt entzogen war.

[9] Vgl. zu dieser auch von den vorgenannten Gesetzen zugrunde gelegten Theorie: RGSt. 76, 159, 161; BGHSt. 2, 300, 306; 8, 269, 270; 11, 393, 395; BVerfGE 1, 418, 423; 25, 269, 286. Näher dazu *Jescheck,* Allg. Teil (Anm. 3), S. 812 f. m. w. N. (auch zu der ebenfalls ein Prozeßhindernis annehmenden gemischten Verjährungstheorie).

[10] Näher dazu der Bericht der vom Bundestag im Jahre 1992 mit der „Aufarbeitung von Geschichte und Folgen der SED-Diktatur in Deutschland" betrauten Enquete-Kommission, BT-Drucks. 12/7820, S. 89. Danach beläuft sich die Gesamtzahl der in der sowjetischen Besatzungszone vor der Gründung der DDR in Spezialager (Konzentrationslager) verbrachten sowie aus den Untersuchungsgefängnissen der sowjetischen Geheimpolizei direkt in die Sowjetunion deportierten Deutschen auf mindestens 140 000. Von den in Deutschland verbliebenen Häftlingen sind mindestens 53 650 umgekommen oder hingerichtet worden. Hinzu kommen ca. 500 000 Deutsche aus den ehemaligen deutschen Ostprovinzen, die unmittelbar nach der Besetzung durch die Sowjetarmee in Lagern zusammengefaßt und in die Sowjetunion deportiert wurden.

III.

Rechtlich vielschichtiger als die strafrechtliche Abwicklung der NS-Zeit ist die der strafrechtlichen Altlasten aus der Zeit des *SED-Regimes*, weil sie mit der Teilungsproblematik, der Entstehung von zwei deutschen Staaten, verknüpft ist. Hinzu kommt, daß keine nach Besatzungsrecht handelnden Mächte wie nach 1945 für die Erledigung dieser Dinge zur Verfügung stehen, sondern hier von Anbeginn eine dem Rechtsstaat verpflichtete Justiz mit den Fragen konfrontiert ist. Die theoretische Diskussion hat sich der Probleme deshalb diesmal von vornherein lebhaft angenommen.

1. In der Diskussion gibt es Richtungen, die eine Strafverfolgung der Täter generell als unzulässig ansehen.
  a) Die einen meinen, daß man mit einer Bestrafung dem Ausspruch „vae victis" huldige. Es heißt: Da die Auseinandersetzung der beiden deutschen Staaten mit ihren gegensätzlichen Gesellschaftssystemen mit einem Sieg West-Deutschlands geendet habe, sei die Strafverfolgung von Personen der unterlegenen Seite Siegerjustiz.[11] Eine solche Auffassung identifiziert jedoch stillschweigend die einstigen diktatorischen Machthaber und den Staat DDR miteinander, dessen Bevölkerung doch selbst diese Unterdrücker zum Abtreten gezwungen hatte. Auch hat West-Deutschland die DDR nicht erobert, sondern diese ist der Bundesrepublik aufgrund einer freien Entscheidung der Volkskammer beigetreten. Der Justiz des Gesamtstaates fällt daher legitimerweise seit der Wiedervereinigung die Aufgabe zu, Straftaten, die vor dem Beitritt in der ehemaligen DDR begangen worden sind, strafrechtlich zu ahnden.[12]
  b) Bemerkenswerter ist die wissenschaftliche Begründung, die von einigen Rechtstheoretikern für die Ablehnung der Strafbarkeit gegeben wird. Sie lautet: Die in der DDR zur Tatzeit bestehenden Gesetze seien im Sinne des Rechts-

---

[11] So führt etwa *F. Wolff,* in: Lampe (Hrsg.), Deutsche Wiedervereinigung, Band II: Die Verfolgung von Regierungskriminalität der DDR nach der Wiedervereinigung, 1993, S. 67, 72, an, daß beide deutsche Staaten sich im kalten Krieg einander feindlich gegenüber gestanden hätten, und kritisiert, daß die „fest in den Ost-West-Konflikt eingebundenen" bundesdeutschen Gerichte sich jetzt „von ihrer früheren Rechtsprechung nicht lösen" könnten. Siehe auch die Argumentation der Verteidigung im Honecker-Prozeß und jetzt im Prozeß gegen Krenz und andere Spitzenfunktionäre.
[12] Daß die Richter dabei vorerst überwiegend aus den alten Bundesländern kommen, hängt mit der geringen Anzahl ehemaliger DDR-Richter zusammen, die für eine rechtsstaatliche Richtertätigkeit verfügbar sind. Die Legitimation berührt dies nicht, da der rechtsstaatliche Richter streng an die Rechtsordnung gebunden ist und es deshalb gleichgültig ist, aus welcher Gegend Deutschlands er stammt. Auch ist hinsichtlich der Strafzumessung eher Milde als Härte festzustellen. Überdies stehen die von außerhalb kommenden Juristen den Taten zum Vorteil der Angeklagten mit größerem inneren Abstand gegenüber, als es vielleicht bei einer heutigen Erledigung allein unter Bewohnern der ehemaligen DDR der Fall sein würde. Vgl. dazu auch *Lampe,* in: Wiedervereinigung Band II (Anm. 11), S. 3, 9.

verständnisses des kommunistischen Herrschaftssystems auszulegen, so daß eine davon abweichende heutige Interpretation dem Satz Nullum crimen sine lege widerspreche.¹³ Wir stoßen damit erneut auf dieses im Mittelpunkt der strafrechtlichen Gesamtproblematik stehende rechtsstaatliche Grundprinzip.

Bei den Vertretern jener Auffassung heißt es, man müsse auf die gelebte Rechtsordnung der DDR abstellen: Der Sozialismus sei nicht nur eine Methode zur Handhabung von Recht gewesen, sondern habe auch Recht gestaltet, und zwar auf seine Art, nicht auf die Art der Staaten in bürgerlichen Gesellschaften.¹⁴ Republikflüchtlinge seien nicht in falscher Handhabung der am Tatort geltenden Rechtsordnung erschossen worden, sondern die geltende Rechtsordnung habe sie selbst rechtlos gestellt. Diese Menschenrechtsverletzungen durch Pervertierung des Rechts selbst, nicht erst durch seine falsche Handhabung, würden geradezu vertuscht, wenn man annehme, die Taten seien am Tatort mit Strafe bedroht gewesen. Der Kulturverlust sei eben noch viel schlimmer gewesen. Im heutigen Verzicht auf Strafverfahren läge deshalb „die Aussage, dieser Staat werde als politisch schlechthin indiskutabel, als überwunden begriffen", und „damit wäre diese Vergangenheit bewältigt".¹⁵

Also Menschenrechtsverletzung durch Pervertierung des Rechts soll eine Methode der Rechtsgestaltung sein. Um so schlimmer sich ein Regime entfaltet, desto eindeutiger soll es dabei Recht setzen. Gefragt wird von jener wissenschaftlichen Richtung nur nach der tatsächlichen Praxis, nicht danach, was sie für die Bürger und vor allem die Opfer bedeutet hat. In der NS-Zeit wäre die von der Staatsspitze angeordnete Ermordung der Juden eine Art der Rechtsgestaltung und damit die Ausführung eine dem Recht gemäße Aktion gewesen. Das kann doch wohl nicht richtig sein.

Aber nicht genug damit. Was heißt eigentlich „gelebte Rechtsordnung der DDR"? Sieht man genauer hin, so ist festzustellen, daß die DDR ein Normensystem hatte, das überwiegend aus Normen bestand, wie sie sich auch in anderen Staaten unseres Kulturkreises finden. Deshalb wird niemand auf den Gedanken kommen, daß etwa eine Eheschließung oder der Kauf eines Fernsehapparats des-

---

[13] So im strafrechtlichen Schrifttum *Jakobs*, in: Isensee (Hrsg.), Vergangenheitsbewältigung durch Recht, 1992, S. 37, 52 ff.; *ders.*, GA 1994, 1, 5 ff., 16; *Dencker*, KritV 1990, 298 ff.; *K. Günther*, StV 1993, 18 ff., 23; *Pawlik*, Rechtstheorie 25 (1994), 101, 114 ff.; *ders.*, GA 1994, 472, 476 ff., und im öffentlichen Recht: *Isensee*, in: ders., Vergangenheitsbewältigung durch Recht, S. 91, 105 ff.; *Pieroth*, VVDStRL 51 (1992), 91, 102 ff., *Alexy*, VVDStRL 51 (1992), 132, 135; u. a. Vom Fehlen der Strafbarkeit am Tatort geht auch *Hruschka*, JZ 1992, 665, 669 f. aus.

[14] Vgl. die Formulierung bei *Jakobs*, in: Vergangenheitsbewältigung (Anm. 13), S. 53, sowie in: GA 1994, 5 ff.

[15] *Jakobs*, in: Vergangenheitsbewältigung (Anm. 13), S. 64. Diejenigen, die als Anhänger oder Sympathisanten des vergangenen SED-Regimes gegen eine Strafverfolgung sind, werden sich angesichts dieser Beschreibung der DDR wohl schwerlich auf *Jakobs* berufen wollen.

halb rechtswidrig waren, weil sie nach den Gesetzen der DDR erfolgt sind. Ähnlich lag es übrigens auch im NS-Staat. Das Staatsunrecht findet sich in Gesetzesform regelmäßig nur in einem mehr oder weniger großen Teilbereich der Rechtsordnung von Unrechtsregimen.[16] Die DDR hatte zudem eine Verfassung, in deren Wortlaut sich zwar kein Rechtsstaat, aber auch noch kein Unrechtsregime allgemein widerspiegelte. Und die Rechtsetzung erfolgte nach den Regeln, die der sozialistische Staat sich selbst gegeben hatte, auf dem in der Verfassung vorgesehenen Wege durch Gesetze und nicht durch bloße Anordnungen des Staatsrats oder des Politbüros.[17] Von einer totalen Pervertierung derart, daß kein Unterschied zwischen dem Inhalt der Rechtsnormen und der Willkür des Staatsapparats mehr erkennbar ist, kann also nicht die Rede sein. Das um so weniger, als totalitäre Regime – wie auch das Dritte Reich zeigt – naheliegenderweise bestrebt sind, sich möglichst nicht zu sehr durch menschenverachtende Gesetze zu dekuvrieren. Sie ziehen es vor, ihre Untaten durch Hinwegsetzen über die staatliche Rechtsordnung mit Hilfe geheimer Anordnungen zu begehen.[18]

Im übrigen würde selbst dann, wenn eine Rechtsordnung wirklich in allen Bereichen nur als Unrechtsordnung anzusehen wäre, das Strafrecht nicht am Ende seiner Möglichkeiten sein. In einem solchen Fall erhebt sich vielmehr immer noch die Frage der Gültigkeit eines derartigen, an die Stelle vorheriger rechtsstaatlicher Normen getretenen Normensystems. Aber für eine unter Einhaltung rechtsstaatlicher Prinzipien, insbesondere den Satz Nullum crimen sine lege, anstehende strafrechtliche Abwicklung liegen die Dinge einfacher und sind eindeutiger, wenn

---

[16] Unrechtsgesetze im eigentlichen Sinne gab es auch während der NS-Zeit nur partiell. Die übelsten Beispiele sind das Gesetz zum Schutze des deutschen Blutes und der deutschen Ehre v. 15. 9. 1935 (RGBl. I, 1146) und die VO über die Strafrechtspflege gegen Polen und Juden in den eingegliederten Ostgebieten v. 4.12.1941 (RGBl. I, 759), letztere noch verschärft durch die das Rückwirkungsverbot für diesen Personenkreis allgemein aufhebende VO v. 31. 1. 1942 (RGBl. I, 52) und die das Jugendgerichtsgesetz ausschließende AusführungsVO v. 23. 7. 1942, DJ 1942, 510. Die Vernichtung von Juden und Zigeunern sowie von Geisteskranken ist dagegen aufgrund geheimer Anordnungen erfolgt.

[17] Vgl. DDR-Verfassung von 1968 Abschnitt III: Aufbau und System der staatlichen Leitung. Dort heißt es in Art. 48 Abs. 2: Die Volkskammer ist das einzige verfassungs- und gesetzgebende Organ in der DDR. Niemand kann ihre Rechte einschränken. Und gemäß Art. 49 bestimmt die Volkskammer durch Gesetze und Beschlüsse endgültig und für jedermann verbindlich die Ziele der Entwicklung der DDR und legt die Hauptregeln für das Zusammenwirken der Bürger, Gemeinschaften und Staatsorgane fest (Abs. 1 und 2). Sie gewährleistet die Verwirklichung ihrer Gesetze und Beschlüsse; auch bestimmt sie die Grundsätze der Tätigkeit des Staatsrats, des Ministerrats, des Obersten Gerichts und des Generalstaatsanwalts (Abs. 3).

[18] Zu einseitig war es deshalb, daß die deutsche wissenschaftliche Diskussion nach dem Zweiten Weltkrieg im Anschluß an *Radbruch* (SJZ 1946, 105) ganz auf die Frage der Ungültigkeitskriterien von Unrechtsgesetzen fixiert gewesen ist. Die Begrenzung des Blicks und damit der Gesamtproblematik verleitete damals eine einflußreiche Richtung (*Weinkauff*, NJW 1960, 1689 ff.; u. a.) verfehlterweise dazu, aus den Erfahrungen der NS-Zeit die Notwendigkeit und Berechtigung einer allgemeinen Renaissance des Naturrechts abzuleiten. Zu den dem zugrunde liegenden teilweisen historischen Mißverständnissen näher *Hirsch*, JR 1966, 334, 336 ff.

man die Täter mit den von dem betreffenden Staat selbst aufgestellten, für sich gesehen einwandfreien Normen konfrontieren kann.[19]

Die betreffenden Rechtsnormen will die von mir kritisierte Auffassung nun allerdings nicht nach dem Gesetzeswortlaut und dem möglichen Auslegungsspielraum bestimmen, sondern nach der tatsächlichen Staatspraxis. Aber das hieße – wie schon gesagt –, daß ein Regime, das sich an die verlautbarte Rechtsordnung nicht hält, dadurch neues Recht schaffen würde. Es gäbe dann eine offiziell erklärte Rechtsordnung und eine im Widerspruch dazu geltende andere. Über die rechtliche Bedeutung einer solchen Modifizierung wäre theoretisch näher zu diskutieren, wenn sie die Anerkennung durch die Bevölkerung gefunden hätte. Aber davon kann im Falle der DDR keine Rede sein. Weder die Waldheim-Justizmorde noch die gezielten Todesschüsse an der Grenze und dergleichen sind von der Bevölkerung als Recht akzeptiert worden, sondern sie waren lediglich ein Mißbrauch der Macht eines autoritären Regimes. Andernfalls hätte man in den Mauerschützen-Fällen auch nicht auf Geheimbefehle zurückzugreifen brauchen. Ein gelebtes Recht, das sich auf Geheimbefehle gründet, gibt es nicht.[20]

Es erhebt sich die Frage, wie man überhaupt auf jene von mir kritisierten Vorstellungen von Recht kommt. Die Erklärung findet man in sozialwissenschaftlichen Systemansätzen: Danach soll es auf das jeweilige gesellschaftliche Normensystem in seiner faktischen Wirkweise ankommen. Bestraft werden kann bei solchem Ausgangspunkt nur derjenige, der innerhalb dieses faktischen Systems delinquiert. Indem man die normative Seite des Rechts und auch die Mindestanforderungen, die an die Entstehung von Recht zu stellen sind, dabei ausblendet und statt dessen an einen schillernden Begriff der gelebten Rechtsordnung anknüpft, der sich dann auch noch einseitig an der staatlichen Machtausübung orientiert, wird der Machtmißbrauch staatlicher Herrschaftsorgane zum Akt der Rechtsetzung erhoben. In der Literatur ist schon darauf hingewiesen worden, daß solche Ansätze sich bereits aus der einseitig auf die Faktizität und das Politische

---

[19] So schon die Rechtsprechung zur strafrechtlichen Aufarbeitung der NS-Zeit: OGHSt. 1, 324; 2, 117; OLG Frankfurt HESt. 1, 67; jetzt auch die Judikatur zum SED-Unrecht: BGHSt. 39, 1, 8 ff. (grundlegend); 39, 168, 181 ff.; st. Rspr. Aus dem Schrifttum der Nachkriegszeit: *Welzel*, NJW 1964, 521 f. Aus der heutigen Literatur: *Lüderssen*, ZStW 104 (1992), 735, 739 ff., 755, 782 f.; *Starck*, VVDStRL 51 (1992), 7, 18, 25 ff.; *H.-L. Schreiber*, in: Wiedervereinigung Band II (Anm. 11), S. 53, 57; *ders.*, ZStW 107 (1995), 157, 170; *Bottke*, in: Wiedervereinigung Band II (Anm. 11), S. 203, 214; *Dreier*, in: Festschrift für Arthur Kaufmann, 1993, S. 57, 68; *F.-C. Schroeder*, JR 1993, 45, 50; *Jescheck*, ZStW 107 (1995), 184 f.; *Vogler*, ZStW 107 (1995), 185 f.; u. a.

[20] Vgl. schon die Kritik bei *Lüderssen*, ZStW 104 (1992), 735, 741 ff. und *H.-L. Schreiber*, ZStW 107 (1995), 157, 167 ff., sowie zur parallelen Problematik der NS-Zeit die Anm. 19 zitierten Entscheidungen des OGH und des OLG Frankfurt, außerdem *Welzel* a. a. O.; Geheimbefehlen mangelt es der für Rechtsetzung wesensnotwendigen Verkündung. Siehe zur Kritik an *Jakobs* auch *Lampe*, ZStW 106 (1994), 683, 710.

abstellenden Staatstheorie des einst führenden NS-Juristen *Carl Schmitt* ergeben und heute über die sozialwissenschaftliche Systemtheorie den Weg zu einem Teil des staats- und strafrechtlichen Schrifttums gefunden haben.[21] Die herrschende Meinung[22] lehnt sie aus den genannten Gründen aber mit Recht ab. Es stellt die Dinge einfach auf den Kopf, wenn zwar derjenige bestraft wird, der innerhalb eines bestehenden integren Regimes seine Funktion als Staatsorgan deliktisch mißbraucht, nicht aber derjenige einschließlich seiner Ausführungsorgane bestraft werden kann, dem es weitergehend gelingt, die Macht im Staate zu okkupieren, um sie insgesamt zu mißbrauchen.

Im übrigen ist es auch unrichtig, die Problematik auf den Unterschied zwischen den rechtlichen Maßstäben bürgerlicher und sozialistischer Rechtssysteme zurückzuführen.[23] Daß man friedfertige und wehrlose Personen nicht tötet oder sich sonst an ihnen vergreift, nur weil sie politisch nicht systemkonform erscheinen, ist kein Spezifikum bürgerlicher Rechtsordnungen, sondern gilt für jede zivilisierte Rechtsgemeinschaft.

c) Die rechtliche Möglichkeit strafrechtlicher Verfolgung von in der DDR begangenem staatlichen Unrecht läßt sich also nicht aus grundsätzlichen Erwägungen verneinen. Vielmehr ist jeweils zu prüfen, ob eine Strafbarkeit im Tatzeitpunkt nach DDR-Recht gegeben war, und dabei, falls für das Verhalten damals ein Rechtfertigungsgrund vorgelegen haben könnte, ob dessen Voraussetzungen überhaupt erfüllt waren. Und schließlich verbleibt noch die Frage, ob er nicht ungültig gewesen ist.

2. Betrachten wir dazu die einzelnen Fragenkreise:

a) Im Mittelpunkt des Interesses stehen die *Todesschüsse an der innerdeutschen Grenze*. Wie sich inzwischen bei der Sichtung der Unterlagen des damaligen Staatssicherheitsdienstes ergeben hat, handelt es sich um ca. 800 Todesopfer.[24] Der Bundesgerichtshof hatte sich seit der Wiedervereinigung bereits verschiedentlich mit Mauerschützen-Fällen zu befassen.[25]

---

[21] Vgl. die eingehende Kritik an der Argumentation dieser Autoren bei *Lüderssen*, ZStW 104 (1992), 735, 743 ff.
[22] Siehe die Nachweise Anm. 19. Mit teilweise anderer Begründung auch *Küpper*, JuS 1992, 723 ff., und *F. Herzog*, NJ 1993, 1, 2 ff.
[23] So aber die in Anm. 13 genannten Autoren, insbesondere *Jakobs*, in: Isensee (Anm. 13), S. 53. Ebensowenig gibt es einen rechtlich beachtlichen Unterschied der Auslegungsmethoden (BGH NStZ 1995, 32 gegen BGHSt. 40, 30, 41; 40, 169, 179). Denn die Frage, ob ein Sachverhalt noch durch den Wortlaut einer Strafvorschrift gedeckt ist oder nicht, bildet hermeneutisch ein rein grammatikalisches Problem. Nur die bei einer etwaigen restriktiven Auslegung in Bezug genommenen inhaltlichen Maßstäbe können verschieden sein, was indes keine Methodenverschiedenheit bedeutet und bei der zur Erörterung stehenden Problematik aus den genannten Gründen nicht zum Tragen kommt.
[24] Diese Zahl ergibt sich aus dem Archivmaterial der DDR; vgl. die ZDF-Sendung „Heute" am 13. 8. 1994.
[25] BGHSt. 39, 1; 39, 168; 40, 218; 40, 241; BGH NJW 1995, 1437; BGH NStZ 1995, 401.

Zunächst einmal bedarf es keiner besonderen Betonung, daß auch in der DDR die vorsätzliche Tötung mit hoher Strafe bedroht gewesen ist.[26] Es geht deshalb darum, ob den Mauerschützen etwa im Tatzeitpunkt nach gültigem DDR-Recht ein *Rechtfertigungsgrund* zur Seite stand, der die Todesschüsse ausnahmsweise gestattete.[27] Unerheblich ist in diesem Zusammenhang, ob vor der staatlichen Anerkennung der DDR dort aus bundesdeutscher Sicht, wie die Rechtsprechung im Westen damals meinte, sogar bundesdeutsches Strafrecht gegolten hat.[28] Denn die Rechtfertigungsfrage bezieht alle Rechtfertigungsgründe ein, die zum Tatzeitpunkt am Tatort bestanden haben, so daß eine dem Täter günstigere Regelung des DDR-Rechts, wenn sie gültig war, zu berücksichtigen gewesen wäre. Insoweit braucht also nicht differenziert zu werden. Eine Diffenzierung zwischen der Rechtslage vor und nach dem im Jahre 1982 in Kraft getretenen Grenzgesetz der DDR könnte dagegen für die rechtliche Analyse bedeutsam sein.[29]

Dieses Gesetz enthielt wie einschlägige Gesetze anderer Staaten eine Regelung des Schußwaffengebrauchs von Grenzorganen. Der § 27 Abs. 2 Satz 1 erklärte die Anwendung der Schußwaffe für gerechtfertigt, wenn sie dazu diente, die unmittelbar bevorstehende Ausführung oder die Fortsetzung einer Straftat zu verhindern, die sich den Umständen nach als ein Verbrechen darstellte. Gleichzeitig hieß es in Absatz 5, daß bei der Anwendung der Schußwaffe das Leben von Personen nach Möglichkeit zu schonen ist. Außerdem bestimmte Absatz 3, daß die Anwendung der Schußwaffe grundsätzlich durch Zuruf oder Abgabe eines Warnschusses anzukündigen war, sofern nicht eine unmittelbar bevorstehende Gefahr nur durch die gezielte Anwendung der Schußwaffe verhindert oder beseitigt werden konnte.

Das bedeutet: Von der Vorschrift war nicht gedeckt der Schußwaffengebrauch im Falle einer „einfachen Republikflucht" nach § 213 Abs. 1 DDR-StGB, da diese als Vergehens- und nicht als Verbrechenstatbestand eingestuft gewesen ist.[30] Um

---

[26] Gemäß § 112 Abs. 1 DDR-StGB ist wegen Mordes zu bestrafen, wer vorsätzlich einen Menschen tötet. Die Strafdrohung beträgt Freiheitsstrafe nicht unter zehn Jahren oder lebenslängliche Freiheitsstrafe. Nach Absatz 2 kann auf Todesstrafe bei Vorliegen eines der dort bezeichneten Erschwerungsgründe erkannt werden.

[27] So auch die Ausgangsfrage in BGHSt. 39, 1, 8 und bei den Anm. 19 zitierten Autoren.

[28] Die bundesdeutsche Rechtsprechung ging lange Zeit davon aus, daß damals die DDR zum Geltungsbereich des bundesdeutschen StGB gehörte; vgl. BGHSt.7, 53, 55; BGH GA 1961, 24; offengelassen in BGH NJW 1975, 1610 und BGHSt. 27, 5. Erst in der 1980 ergangenen Entscheidung BGHSt. 30, 1, 3 wurde erklärt, daß dies seit dem 1972 zwischen der Bundesrepublik und der DDR abgeschlossenen Grundlagenvertrag nicht mehr vertretbar sei. An sich war das schon für einen früheren Zeitpunkt anzunehmen, da die Bundesrepublik in der DDR keine Staatsgewalt ausübte und dort außerdem 1968 ein eigenes StGB in Kraft getreten war.

[29] Dazu noch später vor Anm. 54.

[30] Wie auch das bundesdeutsche Strafrecht stuft § 1 DDR-StGB innerhalb der Straftaten zwischen Vergehen und Verbrechen ab.

ein Verbrechen ging es nur bei Vorliegen eines „schweren Falles" der Republikflucht gemäß § 213 Abs. 2 DDR-StGB. Er erforderte nach seinen Ziffern 1 und 3, daß die Tat durch Beschädigung der Grenzsicherungsanlagen oder Mitführen dazu geeigneter Werkzeuge oder Geräte oder Mitführen von Waffen oder durch die Anwendung gefährlicher Mittel oder Methoden durchgeführt oder daß die Tat von einer Gruppe begangen wurde. Die Praxis in der DDR tendierte dazu, die „Republikflucht" möglichst als Verbrechen zu ahnden. So haben das Oberste Gericht der DDR und der Generalstaatsanwalt der DDR in einer als „Gemeinsamer Standpunkt zur Anwendung des § 213" bezeichneten Erklärung ausgeführt, eine gefährliche Methode im Sinne des Absatzes 3 sei u.a. das Benutzen von „Steighilfen zur Überwindung von Grenzsicherungsanlagen".[31] Auch wurden bereits zwei flüchtende Personen als ausreichend für das Vorliegen einer Gruppe erklärt. Dabei handelte es sich jedoch um vom Gesetzesinhalt des § 213 Abs. 2 DDR-StGB nicht mehr gedeckte Auslegungen, so daß in solchen Fällen nur ein Vergehen und daher von vornherein keine Schießbefugnis in Betracht kam.

Darüber hinaus zeigen die erwähnten Absätze 3 und 5 des § 27 Grenzgesetz, daß der auf Vernichtung des Flüchtenden zielende Schuß, wie er in Geheimbefehlen angeordnet worden war,[32] nicht vom Wortlaut gedeckt gewesen ist. Ebenso standen Fälle in Widerspruch zum Gesetzeswortlaut, bei denen das Grenzorgan zwar nur mit Eventualvorsatz der Tötung geschossen hat, der Schuß aber auf den Leib zielte, obwohl er auf die Beine gerichtet ebenfalls die Flucht verhindert hätte. Auch war das Schießen ohne Vorwarnung nur dann vom Text des § 27 Grenzgesetz gedeckt, wenn andernfalls die akute Gefahr des Gelingens der Flucht bestanden hat.

Daß es sich in den zahlreichen Fällen, in denen diese Schranken des § 27 überschritten worden sind, um ein Hinwegsetzen über die durch die Vorschrift eingeräumte Eingriffsbefugnis handelte, wird zusätzlich bestätigt, wenn man berücksichtigt, daß das Grenzgesetz nicht nur für die Grenze zur Bundesrepublik und West-Berlin galt. An den anderen Staatsgrenzen sind die genannten Exzesse nicht bekannt geworden. Dort hat man sich offenbar an die durch den möglichen Wortsinn gesetzten Schranken des § 27 Grenzgesetz gehalten.

Selbst wenn man aber dem Wortlaut des Grenzgesetzes mit dem Bundesgerichtshof[33] einen extensiven Auslegungsspielraum zubilligt, außerdem weitere,

---

[31] Erklärung v. 15.1.1988 (OG-Informationen 2/1988, S. 9, 14); bereits am 17.10.1980 war von ihnen ein „Gemeinsamer Standpunkt" mit entsprechendem Inhalt verlautbart worden (OG-Informationen, Sonderdruck 1980, S. 3).

[32] Die Formulierung der „Vergatterung", die vor jedem Ausrücken zum Grenzdienst erfolgte, lautete in ihrem Kernsatz: „Grenzdurchbrüche sind auf keinen Fall zugelassen. Grenzverletzer sind zu stellen oder zu vernichten", vgl. BGHSt. 39, 1, 3. Als Faustregel galt: „Besser der Flüchtling ist tot, als daß die Flucht gelingt" (vgl. BGH a.a.O.).

[33] BGHSt. 39, 1, 10.

an sich vom Wortlaut erfaßbare kritische Fälle in die Betrachtung einbezieht, ist die Rechtfertigung noch nicht positiv zu entscheiden. Es erhebt sich vielmehr die Frage, inwieweit zum Tatzeitpunkt geltendes übergeordnetes Recht dann eine engere Auslegung des § 27 Grenzgesetz gebietet.

Eine zentrale Rolle spielt hier der Internationale Pakt über bürgerliche und politische Rechte von 1966, dem die DDR beigetreten ist und der 1976 in Kraft trat.[34] Art. 12 Abs. 2 dieses Paktes lautet: „Jedermann steht es frei, jedes Land, auch sein eigenes, zu verlassen." Bei der in Absatz 3 eingeräumten Möglichkeit der gesetzlichen Einschränkung geht es nur um Ausnahmefälle, durch welche die Substanz der Freizügigkeit und des Ausreiserechts nicht zerstört werden dürfen. Wie die Vertragsmaterialien ergeben, sollten Gesichtspunkte des wirtschaftlichen und – echten oder angeblichen – sozialen Wohls überhaupt kein zulässiges Motiv für die Einschränkung der Freizügigkeit sein.[35] Die Ausreisevorschriften der DDR standen daher in deutlichem Widerspruch zu Art. 12 des Paktes von 1966, weil die DDR ihren Bewohnern ein Recht auf freie Ausreise nicht nur in Ausnahmefällen, sondern in aller Regel vorenthielt.[36]

Auch Art. 6 des Paktes ist im vorliegenden Zusammenhang bedeutsam. Er garantiert, daß „jeder Mensch ein angeborenes Recht auf Leben" hat und „niemand willkürlich seines Lebens beraubt werden" darf. Hinter dieser Vorschrift steht die Tendenz, den mit der Möglichkeit tödlicher Wirkung verbundenen Schußwaffengebrauch von Staatsorganen unter starker Betonung des Verhältnismäßigkeitsgrundsatzes auf Fälle einzugrenzen, in denen eine Gefährdung von Leib und Leben anderer zu befürchten ist.[37]

Daß die DDR es unterlassen hat, den Pakt von 1966 zum Anlaß zu nehmen, die innerstaatliche Gesetzgebung auf ihn abzustimmen, ist im Ergebnis unerheblich. Es berührt die völkerrechtliche Bindung nicht. Die DDR war vielmehr kraft Völkerrechts verpflichtet, im Bereich ihres innerstaatlichen Rechts den Inhalt dieses internationalen Vertrages zu erfüllen. Das heißt: Die Art. 12 und 6 des Paktes von 1966 waren von der DDR als Menschenrechte anerkannt, und sie hatte ihr staat-

---

[34] Internationaler Pakt über bürgerliche und politische Rechte v. 19. 12. 1966 (BGBl. II 1973, 1534). Die DDR ist ihm im Jahre 1974 beigetreten (GBl. DDR II, 57) und hat die Ratifizierungsurkunde am 8. 11. 1974 hinterlegt (GBl. a. a. O.). Der Pakt (im Sprachgebrauch der DDR „Konvention über zivile und politische Rechte" genannt) trat in beiden deutschen Staaten am 23. 3. 1976 in Kraft (BGBl. II, 1068; GBl. DDR II, 108).

[35] Vgl. *R. Hofmann*, Die Ausreisefreiheit nach Völkerrecht und staatlichem Recht, 1988, S. 43; *Nowak*, UNO-Pakt über bürgerliche und politische Rechte, 1989, Art. 12 Rnr. 37 Fn. 86; *Bossuyt*, Guide to the Travaux Préparatoires of the ICCPR, S. 255.

[36] So auch BGHSt. 39, 1, 19.

[37] *Boyle*, in: Ramcharan (Hrsg.), The Right to Life in International Law, 1979, S. 241f.; *Desch*, Österr. Zeitschr. f. öff. Recht u. Völkerrecht 36 (1985), 77, 102; *Ramcharan*, Netherlands Intern. Law Review 30 (1983), 297, 316ff. Weitere Nachweise zur Auslegung des Art. 6 siehe BGHSt. 39, 1, 20f.

liches Handeln daran auszurichten.[38] Von dieser Rechtslage ist die Regierung der DDR selbst ausgegangen, als sie in einer vom Menschenrechtsausschuß der UNO zu den Verhältnissen an der innerdeutschen Grenze durchgeführten Befragung ihren Vertreter erklären ließ, das Grenzregime der DDR sei mit dem Internationalen Pakt, und zwar auch dessen das Leben sichernden Art. 6, vereinbar. Grenzsoldaten schössen nur im äußersten Notfall, um beispielsweise eine Gewalttat zu verhindern.[39] Daß das Unterbleiben innerstaatlicher Gesetzesänderungen die Verbindlichkeit und unmittelbare Geltung des Inhalts strafrechtlich relevanter völkerrechtlicher Verpflichtungen nicht berührt, wurde von offiziellen Vertretern der DDR ebenfalls bei internationalen Kongressen erklärt.[40]

Dies bedeutete, wie der Bundesgerichtshof[41] im einzelnen dargelegt hat, für den Schußwaffengebrauch an der Grenze: Er fand seine rechtliche Schranke, wenn rücksichtslos auf einen nach den Umständen unbewaffneten und auch sonst nicht für Leib oder Leben anderer gefährlichen Flüchtling mit direktem oder bedingtem Tötungsvorsatz geschossen wurde. Der Bundesgerichtshof[42] weist zur Unterstreichung des Vorliegens von Menschenrechtsverletzungen darauf hin, daß das Grenzregime der DDR seine besondere Härte dadurch empfing, daß Deutsche aus der DDR ein besonderes Motiv für den Wunsch, die innerdeutsche Grenze zu überqueren, hatten: Weil sie nämlich „mit den Menschen auf der anderen Seite der Grenze zu einer Nation gehörten" und „mit ihnen durch vielfältige verwandtschaftliche und sonstige persönliche Beziehungen verbunden" waren. Das Grenzregime richtete sich in „seiner beispiellosen Perfektion" und bei dem rücksichtslos angewandten Schußwaffengebrauch gegen Menschen, denen aufgrund einer die Ausreise regelmäßig und ohne Begründung versagenden Verwaltungspraxis verwehrt wurde, aus der DDR in den anderen Teil Deutschlands zu reisen. Hinzu kam, daß der exzessive Schußwaffengebrauch nicht nur der Verhinderung der einzelnen Republikflucht, sondern ebenso der Abschreckung etwaiger künftiger Flüchtlinge diente.

Die durch den Beitritt zum Internationalen Pakt von 1966 für das Staatshandeln der DDR anerkannten und verbindlich gewordenen Art. 12 und 6 des Paktes

---

[38] BGHSt. 39, 1, 16; BGH NStZ 1995, 401, 403. So übrigens auch das in der DDR herausgegebene Lehrbuch des Völkerrechts (Berlin-Ost 1981, S. 59), wo es heißt: Ein Staat kann sich „nicht durch eine Berufung auf seine innerstaatliche Rechtsordnung der Erfüllung von ihm eingegangener Verpflichtungen entziehen"; er ist „kraft Völkerrechts verpflichtet, im Bereich seiner innerstaatlichen Gesetzgebung entsprechend diesen Verpflichtungen zu handeln und sie zu erfüllen". Zur Frage einer in Teilbereichen darüber hinaus bestehenden strafrechtlichen Verantwortlichkeit *unmittelbar* nach Völkerrecht siehe *Triffterer,* in: Wiedervereinigung Band II (Anm. 11), S. 131, 140 ff., 157.
[39] Siehe UNO-Dokument A 33/Suppl. 40 (1978), S. 26 ff., 29; *Bruns,* Deutschland-Archiv 1978, 848, 851 und 1984, 1183, 1185 f.; *R. Hofmann* (Anm. 35), S. 117 ff., 121, 251.
[40] Vgl. die Angaben bei *Triffterer,* in: Wiedervereinigung Band II (Anm. 11), S. 131, 141.
[41] BGHSt. 39, 1, 20, 21.
[42] A. a. O. S. 20.

wirkten sich daher in der Weise aus, daß ihre Einhaltung den Umfang der möglichen Berufung auf § 27 Grenzgesetz markierte. Die Vorschrift war daher zum Tatzeitpunkt aufgrund dieses von der DDR anerkannten höherrangigen Rechts in einer ihm Rechnung tragenden Weise einschränkend zu interpretieren. Sie konnte deshalb in den Mauerschützen-Fällen nicht als Rechtfertigungsgrund herangezogen werden.[43]

Daß die Grenzorgane teilweise auf direkten Befehl handelten, ändert am Ergebnis nichts, denn auch nach dem Recht der DDR (§ 258 DDR-StGB) berührte ein Befehl nicht die Rechtswidrigkeit der Straftat, auf die er gerichtet war. Er könnte nur für die Frage, ob oder inwieweit individuelle Schuld des Befehlsempfängers gegeben ist, von Bedeutung sein.[44]

Somit ergibt sich, daß die Todesschüsse an der deutsch-deutschen Grenze bereits nach dem zur Tatzeit am Tatort geltenden DDR-Recht *unzulässig* waren. Das Gros der Fälle war schon nicht durch den Wortlaut des einschlägigen § 27 Grenzgesetz gedeckt, und außerdem folgte eine Auslegungsschranke dieser Vorschrift aus dem erwähnten internationalen Pakt.[45]

Was nun das aus dem Satz Nullum crimen sine lege folgende und durch Art. 103 Abs. 2 GG garantierte *Rückwirkungsverbot* betrifft, bedeuten die vorhergehenden Feststellungen, daß es sich heute nicht um die Bestrafung aufgrund eines erst jetzt nachträglich geschaffenen Rechtszustandes handelt. Vielmehr geht es um die Strafverfolgung von Taten, die bereits auf der Grundlage des in der DDR zum Tatzeitpunkt geltenden Rechts strafbar gewesen sind. Maßstab sind dabei nicht rückwirkend dem DDR-Recht unterschobene rechtsstaatliche Auffassungen, wie dies einige Autoren einwenden, sondern das verlautbarte Recht der DDR in seiner „sozialistischen Gesetzlichkeit" und seinem als geltende Rechtslage bekundeten Selbstverständnis.[46] Daß die von den SED-Machthabern gesteuerte Praxis sich nicht an das geltende Recht hielt, schuf kein Recht, sondern setzte sich über dieses hinweg.

Im juristischen Schrifttum ist in bezug auf Art. 103 Abs. 2 GG das Bedenken aufgetaucht, daß infolge der damals geübten Praxis die Strafbarkeit zum Tatzeitpunkt nicht hinreichend *bestimmt* gewesen sei, weshalb durch die jetzige Bestimmung des damaligen Rechtszustands doch insoweit ein Verstoß gegen das Rück-

---

[43] BGHSt. 39, 1, 15 ff., 26; 39, 168, 183 ff.; BGH NStZ 1995, 401; st. Rspr.
[44] Gemäß § 258 Abs. 1 DDR-StGB geht es um die „Verantwortlichkeit", d. h. Schuld, des Befehlsempfängers. Diese ist nach der Vorschrift gegeben, wenn die Ausführung des Befehls offensichtlich gegen die anerkannten Normen des Völkerrechts oder gegen Strafgesetze verstößt. Ebenso geht § 5 Abs. 1 bundesdeutsches WStG von der Rechtswidrigkeit der auf Befehl begangenen Straftat aus und bestimmt, daß den ausführenden Befehlsempfänger Schuld trifft, wenn er erkennt, daß es sich um eine rechtswidrige Tat handelt oder dies nach den ihm bekannten Umständen offensichtlich ist.
[45] So die h. M.; vgl. die Nachweise Anm. 19.
[46] Ebenso die h. M. (Anm. 19) im Gegensatz zu den Anm. 13 genannten Autoren.

wirkungsverbot erfolge.⁴⁷ Daran ist zutreffend, daß den DDR-Grenzorganen der deutsch-deutschen Grenze von ihren Vorgesetzten und Ausbildern gesagt wurde, es sei ihre Pflicht, Republikflüchtlinge um jeden Preis an der Flucht zu hindern, und daß die Strafverfolgungsbehörden nicht gegen die Todesschützen vorgingen.⁴⁸ Jedoch macht das die *Rechts*lage nicht unbestimmt. Ob diese bestimmt oder unbestimmt ist, richtet sich vielmehr allein nach den verkündeten Vorschriften. Es hat sich aber bereits im vorhergehenden gezeigt, daß ein Großteil der fraglichen Fälle schon nicht vom Wortlaut der Rechtfertigungsgründe des Grenzgesetzes gedeckt gewesen ist. Und was den Text des internationalen Paktes von 1966 betrifft, war auch dieser im Gesetzblatt der DDR bekanntgemacht worden.⁴⁹ Daß im übrigen an Rechtfertigungsgründe, die ja zum großen Teil aus Gesetzen außerhalb der Strafgesetze kommen, ihrer Natur nach nicht die gleichen Bestimmtheitsanforderungen wie an die Strafbestimmungen selbst gestellt werden können, ist allgemein anerkannt.⁵⁰ Der im Zusammenhang mit den Art. 6 und 12 des erwähnten internationalen Paktes benutzte Begriff „menschenrechtswidrig" wird zudem bereits bei einer anderen Rechtfertigungsfrage im DDR-Strafrecht (§ 95 DDR-StGB) als einschränkender Gesichtspunkt verwandt.

Erinnert man sich an die strafrechtliche Abwicklung des NS-Regimes, so wird einem deutlich, daß bei der zur Erörterung stehenden Problematik die Schranken des Art. 103 Abs. 2 GG noch nicht einmal in Reichweite sind. Damals gab es Fälle, in denen ein als Rechtfertigungsgrund ergangenes Gesetz, so die rigoros Todesstrafen gegen Polen und Juden vorsehende sogenannte Polen-Verordnung,⁵¹ wegen Unvereinbarkeit mit elementarsten Menschenwerten von vornherein insgesamt ungültig gewesen ist.⁵² Auch in solchen Fällen bedeutete die Bejahung der Strafbarkeit der sich auf den ungültigen Rechtfertigungsgrund berufenden Täter keinen Verstoß gegen das Bestimmtheitsgebot, und zwar deshalb nicht, weil das Vertrauen in den rechtlichen Bestand einer solchen Ausnahme vom Tötungsverbot, der das Unrecht auf die Stirn geschrieben ist, von Anbeginn keinen Schutz beanspruchen kann.⁵³

---

⁴⁷ Über die Rückwirkungsproblematik näher *H.-L. Schreiber*, ZStW 107 (1995), 157, 165 f., 170 m. N.
⁴⁸ Näher dazu oben Anm. 32.
⁴⁹ Siehe die Angaben oben Anm. 34.
⁵⁰ Vgl. die Nachweise bei *Hirsch*, in: Leipziger Kommentar zum StGB, 11. Aufl. 1994, Vor § 32 Rnr. 40. Deshalb ist es für das Strafrecht selbst dann nichts Neues, wenn ein erkennendes Gericht einen zur Tatzeit noch extensiv ausgelegten Rechtfertigungsgrund nun enger interpretiert (was z.B. bezüglich der Notwehrbefugnis unter Heranziehung des Mißbrauchsgesichtspunkts geschehen ist) oder im Falle eines nicht kodifizierten Rechtfertigungsgrundes (wie dem früheren schulischen Züchtigungsrecht) diesen als nicht mehr existent ansieht.
⁵¹ Siehe oben Anm. 16.
⁵² BGHSt. 2, 234, 237ff.; 3, 357, 362 f.
⁵³ Der BGH berief sich darauf, daß eine Regelung, die dem überpositiven „Kernbereich des Rechts" widerspricht (BGHSt. 2, 234, 237; ebenso KG NJW 1956, 1570), „die Gerechtigkeit nicht einmal

Werfen wir nun noch einen Blick auf die Rechtfertigungsfrage in der DDR *vor* dem Grenzgesetz und auch vor dem Beitritt zu dem erwähnten Internationalen Pakt, so war für diesen Zeitraum die Rechtslage ebenfalls klar. Es fehlte überhaupt an einer einschlägigen gesetzlichen Regelung, und die allgemeinen polizeirechtlichen Befugnisse deckten nicht die Tötungspraxis, wie sie sich an der innerdeutschen Grenze entwickelte.[54]

Es verbleibt natürlich die Frage, wie es sich mit der *Schuld* der Mauerschützen verhält. Bei den Grenzsoldaten, nicht den Vorgesetzten und den politischen Auftraggebern, geht es zumeist um junge Leute, die unter dem SED-Regime aufgewachsen und von ihm indoktriniert worden sind. Insoweit sie auf Befehl handelten, trifft sie nach DDR-StGB und bundesdeutschem Strafrecht eine Schuld nur,

anstrebt" (BGHSt. 3, 357, 363), der Gültigkeit entbehrt und deshalb als Rechtfertigungsgrund von vornherein außer Betracht bleibt.

Durch die Ungültigkeit eines Rechtfertigungsgrundes entsteht nach allgemeinen juristisch-hermeneutischen Grundsätzen nicht etwa ein „normatives Vakuum", das nachträglich unter Verstoß gegen das Rückwirkungsverbot des Art. 103 Abs. 2 GG mit Strafbarkeit aufgefüllt würde (so aber *Jakobs*, Strafrecht, Allg. Teil, 2. Aufl. 1991, S. 121 und wohl auch *H.-L. Schreiber*, ZStW 107 [1995], 157, 165f.). Vielmehr ergibt sich, daß für die Strafvorschrift *von vornherein* kein solcher sie einschränkender Ausnahmesatz (Rechtfertigungsgrund) bestanden hat, so daß das Rückwirkungsverbot überhaupt nicht tangiert ist. Es geht nicht um das Wiederaufleben der Strafbarkeit eines zur Tatzeit gerechtfertigten Verhaltens, sondern um die Feststellung, daß gar kein Rechtfertigungsgrund existent gewesen ist; vgl. *Hirsch*, bei *Vitt* ZStW 107 (1995), 183, 187. Gegen die Auffassung von *Jakobs* auch ausdrücklich BGH NStZ 1995, 401, 403.

[54] Es bestanden lediglich verwaltungsinterne Dienstvorschriften, wobei jedoch die tatsächliche Tötungspraxis auch über deren Rahmen hinausging. Zu diesen Dienstvorschriften näher *Grünwald*, JZ 1966, 633f. In BGHSt. 40, 241, 245ff. wird darüber hinaus angeführt, daß angesichts der Exaktheit, mit der die von der UNO beschlossene Allgemeine Erklärung der Menschenrechte (Resolution der Generalversammlung vom 10. 12. 1948) das fundamentale Recht auf Leben und das Recht auf freie Ausreise definiert hat, sie nicht anders als der Internationale Pakt über bürgerliche und politische Rechte als eine Konkretisierung dessen aufgefaßt werden kann, was als die allen Völkern gemeinsame, auf Wert und Würde des Menschen bezogene Rechtsüberzeugung verstanden wird. Die in den Entscheidungen BGHSt. 39, 1, 15ff. und 39, 168, 183f. dargelegten Grundsätze über die Unbeachtlichkeit von Rechtfertigungsgründen werden daher in BGHSt. 40, 241, 249 auch auf Taten erstreckt, die begangen worden sind, bevor die DDR dem Internationalen Pakt beigetreten war.

Daß die in BGHSt. 39, 1, 16 zitierte „Radbruch'sche Formel" (SJZ 1946, 105, 107), wonach der Widerspruch des positiven Gesetzes zur Gerechtigkeit so unerträglich sein muß, daß das Gesetz als unrichtiges Recht der Gerechtigkeit zu weichen hat, die NS-Gewaltverbrechen im Auge hatte und deshalb wegen der unterschiedlichen Schwere nicht ohne weiteres auf die Tötungen an der innerdeutschen Grenze übertragen werden kann (worauf im Schrifttum von mehreren Seiten, so auch von *Arthur Kaufmann*, NJW 1995, 81, hingewiesen worden ist), ändert am Ergebnis nichts. Durch die seit 1946 erfolgte Betonung und Festschreibung von Menschenrechten, insbesondere in den beiden vorerwähnten Dokumenten der UNO, sind das Tötungsverbot noch stärker betont und die Anforderungen an ausnahmsweise Einschränkungen erhöht und präzisiert worden (darauf wird mit Recht in BGH NStZ 1995, 401, 402f. aufmerksam gemacht). Der historischen Radbruch'schen Formel bedarf es zur Begründung der seitherigen Rechtslage nicht.

Daß das unterschiedliche Ausmaß des Unrechts einer totalitären Herrschaft – hier des NS- und des SED-Regimes – nicht bedeuten kann, die Frage der Möglichkeit einer strafrechtlichen Aufarbeitung prinzipiell gegensätzlich zu beurteilen, hebt überdies *Limbach*, in: Wiedervereinigung Band II (Anm. 11), S. 99, 102, hervor.

wenn sie erkannten, daß er sich auf eine rechtswidrige Tat bezog oder dies nach den ihnen bekannten Umständen offensichtlich gewesen ist.[55] Hinsichtlich einer rechtsstaatsgemäßen Berücksichtigung der Frage nach der individuellen Schuld bestehen also keine gesetzlichen Probleme. Die Strafjustiz hat vielmehr gerade in diesem Bereich die Schuld des einzelnen sehr genau zu prüfen. In den bisherigen Mauerschützen-Verfahren ist man von einem Irrtum der angeklagten Grenzsoldaten über die Rechtswidrigkeit ausgegangen.[56] Aber die Praxis hat gleichzeitig angenommen, daß die Rechtswidrigkeit bei den mit Tötungsvorsatz begangenen Taten offensichtlich und der Irrtum deshalb schuldhaft gewesen ist. Zur Begründung hat der Bundesgerichtshof angeführt, daß die Tötung eines unbewaffneten Flüchtlings unter den gegebenen Umständen ein derart „schreckliches und jeder vernünftigen Rechtfertigung entzogenes Tun war, daß der Verstoß gegen das elementare Tötungsverbot auch für einen indoktrinierten Menschen ohne weiteres einsichtig, also offensichtlich" gewesen ist.[57] Das Gericht hat in diesem Zusammenhang zudem darauf hingewiesen, daß die große Mehrheit der Bevölkerung in der DDR die Todesschüsse an der Grenze mißbilligte. Auch die offizielle Geheimhaltung der Vorgänge zeigte, daß man die Rechtsordnung nicht auf seiner Seite hatte. Außerdem hätte man aus der Aufarbeitung der Geschehnisse der NS-Zeit wissen können, daß Befehle, die sich auf menschenrechtsverletzende Tötungen beziehen, rechtswidrig sind.[58] Hierbei ließ sich auch an die in bezug auf bestimmte Taten, wie sie in der NS-Zeit begangen worden sind, in § 95 DDR-StGB für Befehlsempfänger enthaltenen Regelung denken.[59] Nicht zuletzt war durch das West-Fernsehen die internationale Einschätzung der Todesschüsse an der innerdeutschen Grenze bekannt.

Es ergibt sich daher, daß im Regelfall wegen offensichtlicher Vermeidbarkeit des Irrtums immer noch eine individuelle Schuld verbleibt. Diese kann bei den Grenzsoldaten im Unterschied zu den Auftraggebern aber erheblich gemindert

---

[55] Siehe § 258 Abs. 1 DDR-StGB und § 5 Abs. 1 WStG. Zum Inhalt dieser Vorschriften vgl. oben Anm. 44.
[56] Vgl. BGHSt. 39, 1, 32f., 35; 39, 168, 189; 40, 241; BGH NJW 1995, 1437, 1438; BGH NStZ 1995, 286, 287; u. a.
[57] BGHSt. 39, 1, 34. Ebenso BGHSt. 39, 168; 40, 241; BGH NStZ 1995, 401, 403. Anders dagegen, wenn es nur um Körperverletzungsvorsatz geht: BGHSt. 39, 168, 194f.; BGH NStZ 1993, 488, 489; 1995, 286, 287; BGH NJW 1995, 1437, 1438.
[58] Das SED-Regime hatte sich zudem ständig zugute gehalten, bei der Ahndung faschistischen Unrechts besonders entschieden vorgegangen zu sein.
[59] Der die gesetzliche Überschrift „Ausschluß des Befehlsnotstands" tragende § 95 DDR-StGB lautet: „Auf Gesetz, Befehl oder Anweisung kann sich nicht berufen, wer in Mißachtung der Grund- und Menschenrechte, der völkerrechtlichen Pflichten oder der staatlichen Souveränität der Deutschen Demokratischen Republik handelt; er ist strafrechtlich verantwortlich". Diese Vorschrift ist auf die zur Erörterung stehenden Fälle nicht *direkt* anwendbar, weil sie im Gesetz in Verbindung mit einem Katalog bestimmter Tatbestände geregelt ist.

gewesen sein. Ohnehin können die zum Tatzeitpunkt jungen und indoktrinierten Grenzsoldaten nicht die Hauptadressaten der strafrechtlichen Aufarbeitung des SED-Regimes sein. Wichtig ist vielmehr, daß das strafbare Unrecht ihrer Ausführungshandlungen zum Ausdruck gelangt und daß von hier aus der Blick sich auf die weisunggebenden Hintermänner richtet.

b) Die eigentlichen Haupttäter staatlich gesteuerten Unrechts sind die *Spitzenfunktionäre,* von denen die Anordnungen ausgegangen sind. Bei diesen Schreibtischtätern geht es darum, wie sie als Beteiligte an den von den Untergebenen ausgeführten Straftaten – so den vorsätzlichen Tötungen an der innerdeutschen Grenze – bestraft werden können. Strafverfahren gegen sie sind wegen des Rampenlichts, in dem solche Verhandlungen stehen, und der Gefahr, daß die Politik in sie hereingetragen wird, für die Instanzgerichte sehr schwer zu bewältigen. Das Verfahren gegen den ehemaligen Staatsratsvorsitzenden der DDR entwickelte sich daher zu der von vielen befürchteten Justizgroteske.[60] Mit der Verurteilung der Angeklagten und der Bestätigung dieser Verurteilungen durch den Bundesgerichtshof ist dagegen das Verfahren gegen andere Spitzenfunktionäre abgeschlossen worden.[61] Weitere Verfahren sind anhängig. Die Rechtsfrage ist hier, ob die Betreffenden strafrechtlich als mittelbare Täter eingestuft werden können. Der Bundesgerichtshof hatte bereits in seinem berühmten Stachynskij-Urteil aus den fünfziger Jahren die Moskauer Auftraggeber des von einem Agenten in Deutschland begangenen Attentats als Täter angesehen.[62] In dem im vorhergehenden erwähnten Urteil gegen SED-Spitzenfunktionäre hat er ebenfalls Täterschaft bejaht. Ebenso hat der argentinische Oberste Gerichtshof im Strafverfahren gegen die „Kommandanten" der Militärjunta entschieden.[63] Diese Auffassung entspricht der Entwicklung der strafrechtlichen Teilnahmelehre: Die Rolle der über die Anordnungsgewalt verfügenden Verantwortlichen eines totalitären Macht-

---

[60] Den Höhepunkt erreichte sie mit der Entstehung eines Befangenheitsgrundes dadurch, daß der Vorsitzende in einer Verhandlungspause Autogrammwünsche von Schöffen an den Angeklagten übermittelte. Sie setzte sich damit fort, daß das – in einer Rechtsanwaltspraxis tagende – Berliner Verfassungsgericht sich über das Bundesrecht der StPO hinwegsetzte und den Angeklagten eigenmächtig wegen Verhandlungsunfähigkeit aus der Strafverfolgung entließ. Den absurden Schlußpunkt bildete die wegen dieses Rechtsfehlers erfolgende Vorladung des Angeklagten durch die Strafkammer, nachdem er bereits nach Chile ausgeflogen war. Die Überforderung, die sich für Provinzgerichte in solchen Fällen leicht ergibt, würde vermieden, wenn man derartige Verfahren vor einem Staatsgerichtshof verhandeln könnte. Das aber hieße, die Fälle nicht mehr der allgemeinen Tötungskriminalität, sondern dem Staatsschutzbereich zuzuordnen und sie damit auf eine falsche, sie noch stärker politisierende Ebene zu bringen.
[61] BGHSt. 40, 218.
[62] BGHSt. 18, 87, 88 f., wobei er allerdings den die Tat ausführenden Angeklagten damals nicht auch als Täter, sondern als Gehilfen einstufte.
[63] *J. B. J. Maier,* ZStW 107 (1995), 143, 148 f.

apparats begründet Tatherrschaft über die von den Ausführungsorganen realisierten Handlungen und damit mittelbare Täterschaft.⁶⁴ Durch eine solche Einstufung wird die Rolle der Spitzenfunktionäre sachentsprechender beschrieben als durch die Einordnung als Anstifter. Die engere Definition der Täterschaft im DDR-StGB zwingt hier regelmäßig nicht zu einer abweichenden Lösung, da es sich um eine nach wissenschaftlichen Einsichten zu entscheidende Zuordnungsfrage handelt und das nach dem Einigungsvertrag bei der Aburteilung zur Anwendung kommende mildere Strafgesetz auch bei der Einstufung als Täter zumeist, insbesondere bei den Tötungsdelikten, das bundesdeutsche StGB ist.⁶⁵

c) Ein dunkles Kapitel bilden in der DDR-Geschichte die *Justiztäter*, also insbesondere kriminell handelnde Richter. Denkt man an die schon erwähnten sogenannten Waldheim-Prozesse,⁶⁶ so findet sich hier der Mörder in der Robe, von dem schon *Voltaire* gesprochen hat. Ähnlich verhält es sich mit der Blutspur einer *Hilde Benjamin*.⁶⁷ Darüber hinaus geht es um weitere Verfahren, die ebenfalls von vornherein als „Schauprozesse" initiiert waren und auch nicht annähernd von dem Bemühen geprägt gewesen sind, eine dem jeweiligen Fall gerecht werdende Entscheidung zu treffen, und zur Verhängung hoher, teilweise lebenslanger Freiheitsstrafen führten. Zu nennen sind außerdem die Verurteilungen wegen sogenannter Boykotthetze, mit denen auf demokratische Forderungen – z. B. von *Wolfgang Harich* und *Walter Janka* für einen demokratischen Sozialismus –, aber auch auf die Zugehörigkeit zu den Zeugen Jehovas reagiert wurde.⁶⁸ Sie erfolgten unmittelbar aus Art. 6 Abs. 2 DDR-Verfassung von 1949, obwohl die Vorschrift gar keine Angaben zur Strafdrohung enthielt.⁶⁹

---

⁶⁴ *Roxin*, GA 1963, 193; *ders.*, in: Leipziger Kommentar, 11. Aufl. 1993, § 25 Rnr. 128 ff.; *F.-C. Schroeder*, JR 1995, 177, 179; *Cramer*, in: Schönke/Schröder, StGB, 24. Aufl. 1991, Rnr. 25 m. w. N.; enger *Jescheck*, Allg. Teil (Anm. 3), S. 607.
⁶⁵ Der § 22 Abs. 1 DDR-StGB sieht mittelbare Täterschaft nur in Fällen vor, in denen der als Werkzeug unmittelbar Handelnde für die Tat nicht selbst verantwortlich ist. Jedoch geht es in den hier interessierenden Fällen regelmäßig um Totschlag i. S. von § 212 des bundesdeutschen StGB. In BGHSt. 40, 218, 231 wird deshalb darauf hingewiesen, daß mittelbare Täterschaft des Totschlags gemäß §§ 212, 25 Abs. 1 2. Alt. bundesdeutsches StGB mit einer niedrigeren Strafe bedroht ist als die nach der tatbestandlichen Differenzierung der Tötungsdelikte im DDR-StGB anzunehmende Anstiftung zum Mord (§§ 112, 22 Abs. 3 DDR-StGB) und daher das bundesdeutsche StGB zur Anwendung gelangt. Dazu, daß es auf die mildere Gesetzesvorschrift ankommt, siehe auch Anm. 72.
⁶⁶ Innerhalb von nur zweieinhalb Monaten wurden im Jahre 1950 in Waldheim (Sachsen) 3390 Personen in Schnellverfahren abgeurteilt, davon 34 zum Tode, die übrigen zu Regelstrafen von 15 Jahren Zuchthaus und mehr; Bericht der Enquete-Kommission (Anm. 10), BT-Drucks. 12/7820, S. 89.
⁶⁷ Darüber näher *Wassermann*, DRiZ 1994, 281, 283 f.
⁶⁸ Vgl. die Angaben im Bericht der Enquete-Kommission a. a. O. und bei *J. Arnold*, in: Wiedervereinigung Band II (Anm. 11), S. 85, 87 ff.
⁶⁹ Vgl. die Nachweise Anm. 68.

Auch in arbeits- und zivilrechtlichen Verfahren gab es zahlreiche richterliche Rechtsbrüche.[70]

Das Problem in allen diesen Fällen bildet die Strafbestimmung der Rechtsbeugung, die sich auch im Strafrecht der DDR findet (§ 244 DDR-StGB), die aber, wie es auf Grund der Auslegung durch die höchstrichterliche Rechtsprechung ebenfalls nach bundesdeutschem Strafrecht (§ 336 StGB) der Fall ist, enge Voraussetzungen aufweist. Sie wirkt sich in den genannten Sachverhalten nicht zuletzt dahin aus, daß die durch die richterliche Handlung gleichzeitig verwirklichten Tötungs- und Freiheitsdelikte nur strafbar sind, wenn ebenfalls der Tatbestand der Rechtsbeugung erfüllt ist.[71] Denn die Rechtsbeugung markiert die Grenze der Strafbarkeit richterlichen Handelns. Es müssen also die Tatbestandsmerkmale der Rechtsbeugung erfüllt sein. Ausschlaggebend ist dabei der § 244 DDR-StGB, da er gegenüber der bundesdeutschen Strafbestimmung das nach dem Einigungsvertrag zur Anwendung kommende mildere Gesetz darstellt.[72]

In objektiver Hinsicht erfordert § 244 DDR-StGB, daß der Richter (oder auch Staatsanwalt) „gesetzwidrig" zugunsten oder zuungunsten eines Beteiligten entschieden hat. Der Bundesgerichtshof will dies hier auf Fälle beschränken, „in denen die Rechtswidrigkeit der Entscheidung so offensichtlich war, daß sich die Entscheidung als Willkürakt darstellt", und zwar als eine „durch Willkür gekennzeichnete offensichtlich schwere Menschenrechtsverletzung".[73] Eine derartige einschränkende Auslegung ist jedoch fragwürdig; denn eine objektive Beugung des Rechts erfordert nicht eine gesteigerte Form der Rechtswidrigkeit und schon gar nicht, daß die Entscheidung einen Willkürakt und eine offensichtlich schwere Menschenrechtsverletzung darstellt.

Den eigentlich kritischen Punkt bei einer Strafverfolgung wegen Rechtsbeugung bildet die subjektive Tatseite, zumal wenn, wie in § 244 DDR-StGB ausdrücklich ausgesprochen, wissentliche Begehung, also dolus directus, gefordert

---

[70] Vgl. Bericht der Enquete-Kommission (Anm. 10), S. 88, und *Limbach*, in: Wiedervereinigung Band II (Anm. 11), S. 99, 106.
[71] BGHSt. 10, 294, 298; BGH MDR 1952, 693, 695; BGH NJW 1971, 571, 574; *Spendel*, in: Leipziger Kommentar, 10. Aufl. 1988, § 336 Rnr. 129 m. w. N. (auch zur teilw. vertretenen Gegenmeinung).
[72] BGHSt. 40, 169, 173; 40, 272, 276. Gemäß Art. 315 Abs. 1 Satz 1 EGStGB i. d. F. des Einigungsvertrags (Anl. I Kap. III Sachgebiet C Abschn. II Nr. 1) findet auf die in der DDR vor dem Beitritt zur Bundesrepublik begangenen Taten § 2 StGB Anwendung. Dies bedeutet, daß gemäß § 2 Abs. 1 die zum Tatzeitpunkt in der DDR geltende Strafvorschrift des DDR-StGB anzuwenden ist, sofern nicht die einschlägige (heutige) Vorschrift des bundesdeutschen StGB das mildere Gesetz ist und deshalb gemäß § 2 Abs. 3 StGB zur Anwendung kommt. Im Fall der Rechtsbeugung bleibt es bei § 2 Abs. 1 StGB, da § 244 DDR-StGB das gegenüber § 336 StGB mildere Gesetz darstellt.
[73] BGHSt. 40, 30, 41f.; 40, 169, 181; 40, 272, 278. In der letztgenannten Entscheidung ist unter Bezugnahme auf BGH NStZ 1994, 818, 819 auch davon die Rede, daß Rechtsbeugung nur den „elementaren Verstoß" gegen die Rechtspflege betreffe, so daß sich der Amtsträger bewußt in „schwerwiegender Weise" von Recht und Gesetz entfernt haben müsse.

wird.⁷⁴ Es kommt danach hier darauf an, daß der Täter sich der falschen Gesetzesanwendung bewußt gewesen ist, er also wußte, daß er die Grenzen möglicher Auslegung überschritt. Erhöht man die Anforderungen an die objektive Tatseite nicht, wie im vorhergehenden kritisiert, über das Notwendige hinaus, so dürfte es aber möglich sein, den direkten Vorsatz bei einer ganzen Reihe von Justiztätern der SED-Zeit zu bejahen.

Bei der strafrechtlichen Abwicklung des NS-Justizunrechts hat die subjektive Tatseite des Rechtsbeugungstatbestands erhebliche Verfolgungsdefizite ermöglicht.⁷⁵ Heute scheint bereits die einschränkende Auslegung des objektiven Tatbestands den Weg in diese Richtung zu ebnen.⁷⁶

d) Zum staatlich gesteuerten Unrecht des SED-Regimes gehörte ebenfalls die von oben veranlaßte *Fälschung von Wahlergebnissen*. Heute wird von einer Schrifttumsmeinung allerdings behauptet, die einschlägige Strafbestimmung des DDR-StGB (§ 211) sei nur auf den Schutz dieses Regimes gerichtet gewesen;⁷⁷ die Verurteilung aus ihm würde daher auf eine nachträgliche Anerkennung der SED-Herrschaft hinauslaufen. Man muß jedoch auch hier wieder unterscheiden zwischen dem Inhalt der Rechtsordnung, wie ihn sich die DDR gegeben hatte, und der Mißachtung dieser Rechtsordnung durch den Machtapparat. Die Vorschrift ist so gefaßt, daß sie die Allgemeinheit generell vor Wahlfälschungen schützte, also objektiv dazu diente, daß das Abstimmungsverhalten der Bevölkerung richtig wiedergegeben wird. Diese auch vom Bundesgerichtshof⁷⁸ vertretene Auffassung wird bestätigt, wenn man sich vorstellt, einschlägige Strafverfahren hätten bereits in dem Intervall zwischen der Abdankung der SED und der Wiedervereinigung stattgefunden. An der rechtlichen Möglichkeit der Strafverfolgung hätte dann wohl kaum jemand gezweifelt. Durch den Beitritt der DDR zur Bundesrepublik sind aber die zum Beitrittszeitpunkt in der DDR bestehenden Strafansprüche,

---

⁷⁴ So wurde bis zu der durch das EGStGB 1974 erfolgten Streichung des Wortes „vorsätzlich" auch § 336 bundesdeutsches StGB von der Rechtsprechung interpretiert. Jetzt wird dagegen bei dieser Vorschrift jede Vorsatzform, also auch Eventualvorsatz, als ausreichend angesehen; vgl. BGHSt. 40, 272, 276.
⁷⁵ Auch der BGH spricht heute von der „insgesamt freilich fehlgeschlagenen" Verfolgung nationalsozialistischen Justizunrechts; vgl. BGHSt. 40, 30, 40.
⁷⁶ Kritisch zur Rechtsprechung zum SED-Justizunrecht bereits nachdrücklich *Bemmann*, JZ 1995, 123; *Spendel*, JZ 1995, 375; *ders.*, JR 1995, 214; *Seebode*, JZ 1995, 417; *F.-C. Schroeder*, FAZ Nr. 253 v. 31. 10. 1995, S. 16. Siehe auch näher *Maiwald*, NJW 1993, 1881, 1884ff., 1889 (der die objektiven und subjektiven Voraussetzungen des Rechtsbeugungstatbestands in vielen Fällen als prozessual beweisbar ansieht). Schon im Jahre 1992 hat *Limbach*, in: Wiedervereinigung Band II (Anm. 11), S. 99, 108 prophezeit, daß „wie aller irdischen Gerechtigkeit auch dem Versuch, das Justizunrecht der DDR strafrechtlich zu ahnden, nur ein begrenzter Erfolg beschieden sein" wird.
⁷⁷ So etwa *Samson*, StV 1992, 141ff.; *H.-L. Schreiber*, ZStW 107 (1995), 157, 176.
⁷⁸ BGHSt. 39, 54, 70; 40, 307 sowie BVerfG (Kammer-Beschl.) NJW 1993, 2524.

soweit sie im bundesdeutschen Strafrecht – hier in § 107 a StGB – eine Entsprechung haben, in die Bundesrepublik eingebracht worden.

e) Bedenken erheben sich dagegen hinsichtlich der Auffassung, die der Bundesgerichtshof[79] zu dem im Jahre 1952 vom bundesdeutschen Gesetzgeber mit dem Blick auf die in der DDR bestehenden Verhältnisse eingeführten Tatbestand der *politischen Verdächtigung* (§ 241a StGB) vertritt. Diese Vorschrift, die politische Verdächtigungen betrifft, welche für das Opfer schwerwiegende Gewalt und Willkürmaßnahmen im Gefolge haben, soll auf alle einschlägigen Taten anwendbar sein, die von DDR-Bürgern in der DDR gegen DDR-Bürger begangen worden sind. Spätestens seit dem im Jahre 1972 zwischen der Bundesrepublik und der DDR abgeschlossenen Grundlagenvertrag ließ sich eine Zuständigkeit des bundesdeutschen StGB für DDR-interne Taten aber nicht mehr begründen. Dies wird seit Anfang der achtziger Jahre im übrigen auch vom Bundesgerichtshof bei anderen strafrechtlichen Vorschriften anerkannt[80] und ist durch den Einigungsvertrag, indem er das bundesdeutsche StGB im Beitrittsgebiet erst eingeführt hat, bestätigt worden (unbeschadet des in Art. 315 Abs. 4 EGStGB enthaltenen, andere Fälle betreffenden Vorbehalts). Bestrafungen aus § 241a StGB sind daher rechtsstaatswidrig, weil die Strafbestimmung zur Tatzeit am Tatort gar keine Geltung hatte. Hinsichtlich der Denunzianten-Fälle ist man vielmehr auf die allgemeinen Regeln über die Beteiligung an Straftaten beschränkt.

f) Ebenso diskreditiert es die strafrechtliche Abwicklung eines Unrechtssystems, wenn in diesen Bereich Handlungen einbezogen werden, für deren Beurteilung gar nicht ins Gewicht fällt, daß sie unter einem solchen Regime begangen worden sind. Ich denke dabei an die Rechtsprechung des Bundesgerichtshofs[81] zur fortbestehenden strafrechtlichen Verfolgbarkeit von *Mitgliedern des Nachrichtendienstes der DDR*, die Spionage gegen die Bundesrepublik betrieben hatten und deren man nach der Wiedervereinigung in der ehemaligen DDR habhaft geworden ist. Soweit diese Personen nicht eine über die rein nachrichtendienstliche Tätigkeit hinausgehende Straftat begangen haben, hat für sie nichts anderes zu gelten als für einen Spion, dessen Herkunftstaat nicht von einem Unrechtsregime beherrscht war. Das aber bedeutet, daß dem während ihrer Spionagetätigkeit gegen sie entstandenen bundesdeutschen Strafanspruch seit der Wiedervereinigung ein Verfolgungshindernis entgegensteht. Dies ergibt ein argumentum a

---

[79] BGHSt. 30, 1; 32, 293 und neuestens wieder BGHSt. 40, 125 mit inkonsequenter Auslegung des Inlandsbegriffs in § 5 Nr. 6 StGB.
[80] Siehe die in Anm. 79 zitierten Entscheidungen sowie *Eser*, in: Schönke/Schröder (Anm. 64), Vor § 3 Rnr. 62 ff. m. w. N.; zu der BGHSt. 30,1 vorhergehenden Rechtsprechung siehe oben Anm. 28.
[81] BGHSt. 37, 305; 39, 260; BGH NJW 1991, 2498. Anders KG NJW 1991, 2501.

maiore ad minus aus Art. 31 Haager Landkriegsordnung. Nach dieser völkerrechtlichen Regelung dürfen zu ihrem eigenen Heer zurückgekehrte und später gefangengenommene Spione für die früher begangene Spionage nicht mehr verantwortlich gemacht werden. Der dort für das Ende einer kriegerischen Auseinandersetzung ausgesprochene Rechtsgedanke beansprucht erst recht am Ende eines nur kalten Krieges Beachtung.[82]

3. Die Betrachtung der verschiedenen Problemkreise[83] ergibt also, daß zwar einige Fälle nicht hierhin gehören, im übrigen aber eine Bestrafung staatlich gesteuerten Unrechts grundsätzlich möglich ist.

Grenzen können sich jedoch noch wegen *Verfolgungsverjährung* ergeben. Die einschlägigen strafbaren Handlungen fallen in einen Zeitraum von vierzig Jahren. Um zu verhindern, daß Taten als inzwischen verjährt angesehen werden, wird im Gesetz über das Ruhen der Verjährung bei SED-Unrechtstaten von 1993[84] festgestellt: Bei der Berechnung der Verjährungsfrist für die Verfolgung von Taten, die während der Herrschaft des SED-Unrechtsregimes begangen wurden, aber entsprechend dem ausdrücklichen oder mutmaßlichen Willen der Staats- und Parteiführung der ehemaligen DDR aus politischen oder sonst mit wesentlichen Grundsätzen einer freiheitlichen rechtsstaatlichen Ordnung unvereinbaren Gründen nicht geahndet worden sind, bleibt die Zeit von der Gründung der DDR bis zur Wiedervereinigung außer Ansatz. Die Verjährung hat also geruht. Darüber hinaus ist in einem ebenfalls 1993 ergangenen Zweiten Verjährungsgesetz[85] die drohende Verfolgungsverjährung aller vor der Wiedervereinigung begangenen leichteren Straftaten, die mit Freiheitsstrafe bis zu einem Jahr oder Geldstrafe bedroht sind, durch Verlängerung der Verjährungsfrist bis Ende 1995 hinausgeschoben, außerdem Mord auch hinsichtlich der unter das DDR-StGB fallenden Taten für unverjährbar erklärt worden.

Es erhebt sich die Frage, ob diese Verjährungsregelungen mit dem Rechtsstaatsgedanken vereinbar sind. Das ungarische Verfassungsgericht hat in einer international stark beachteten Entscheidung das dortige Verjährungsgesetz von 1990

---

[82] Inzwischen hat auch das Bundesverfassungsgericht (BVerfG NStZ 1995, 383) die im vorhergehenden kritisierte höchstrichterliche Rspr. für verfassungswidrig erklärt und wie hier ein Verfolgungshindernis angenommen. So zuvor bereits *Widmaier*, NJW 1990, 3169, 3171f.; *Volk*, JR 1991, 431ff.; *Schünemann*, in: Wiedervereinigung Band II (Anm. 11), S. 173, 189f. (im Ergebnis); u. a.

[83] Zu denen auch noch Zwangsadoptionen und die konspirative Entnahme von Gegenständen aus auswärtigen Postsendungen gehören. Zu letzterem siehe BGHSt. (4. Strafsenat) 40, 8 (für Straflosigkeit) einerseits und BGH (5. Strafsenat) NStZ 1995, 442 (für Strafbarkeit) andererseits; auch *Wolfslast*, NStZ 1994, 542.

[84] BGBl. I, 392.

[85] Gesetz zur Verlängerung strafrechtlicher Verjährungsfristen (Zweites Verjährungsgesetz) v. 27. 9. 1993 (BGBl. I, 1675).

für verfassungswidrig erklärt.[86] Es begründete dies damit, daß durch das nachträgliche Schaffen von Ruhens- und Unterbrechungsgründen auch bereits verjährte Straftaten wieder strafbar gemacht würden, was dem Rechtsstaatsprinzip widerspreche. Ebenfalls sei schon die Verlängerung der gesetzlichen Verjährungsfrist für noch laufende Fristen rechtsstaatswidrig.

Ich habe bei der Darstellung der strafrechtlichen Abwicklung der NS-Zeit bereits darauf hingewiesen, daß in den sechziger Jahren in Deutschland eine lebhafte Debatte über die Verjährungsproblematik stattgefunden hat. Diese führte zur Bestätigung der herrschenden Auffassung, daß die Strafverfolgungsverjährung ein prozeßrechtliches Institut ist und deshalb nicht dem Satz Nullum crimen nulla poena sine lege unterliegt.[87] Ohnehin kann ein Täter im Zeitpunkt der Tat nicht darauf vertrauen, daß sein strafbares Verhalten innerhalb der normalen Frist verjährt sein wird; denn in jedem Strafgesetz sind Gründe für das Ruhen und die Unterbrechung der Verjährung vorgesehen. Es hat eben niemand ein Recht darauf, bei seiner Tat kalkulieren zu können, wie lange sie verfolgt werden kann. Daher ist in Deutschland herrschende Ansicht, daß die Verlängerung einer noch nicht abgelaufenen Verjährungsfrist zulässig ist.[88]

Aber auch Gesetze, die nur klarstellen, daß die Verjährung innerhalb eines bestimmten Zeitraums wegen Stillstands der Rechtspflege geruht hat, sind entgegen der Auffassung des ungarischen Verfassungsgerichtshofes nicht rechtsstaatswidrig. Denn der Stillstand der Rechtspflege ist in den Strafgesetzen regelmäßig unter den Gründen für das Ruhen der Verjährung genannt,[89] weshalb es sich um eine bloße Klarstellung handelt, wenn heute die zur Verjährung staatlich gesteuerten Unrechts ergehende Gesetzgebung zum Ausdruck bringt, daß ein solcher Stillstand auch durch die tatsächliche Wirkung einer geheimen Anordnung der Regierung eines Unrechtsregimes bewirkt wird. In solchen Fällen konnte daher mangels laufender Verjährungsfrist noch gar keine Verjährung eingetreten sein. Das entspricht auch der Auffassung in der deutschen höchstrichterlichen Rechtsprechung, die schon hinsichtlich der NS-Zeit ein Ruhen der Verjährung einschlägiger Taten angenommen und in bezug auf die SED-Herrschaft unabhängig von der Verjährungsgesetzgebung die bestehende Ruhens-Regelung des Strafgesetzbuchs für analog anwendbar erklärt hat.[90] Andernfalls ergäbe sich zudem die

---

[86] Entscheidung 11/1992 (III. 5) AB (Magyar Közlöny 23/1992); im einzelnen bei K. Bárd, ZStW 107 (1995), 119, 126ff.
[87] Vgl. die Nachweise oben Anm. 9.
[88] BVerfGE 1, 418, 423; 25, 269, 287; OLG Frankfurt NJW 1988, 2900, 2901, Jähnke, in: Leipziger Kommentar (Anm. 50), Vor § 78 Rnr. 11 m. w. N.
[89] Siehe § 78b Abs. 1 Nr. 2 StGB und § 83 Nr. 2 2. Alt. DDR-StGB.
[90] So BGHSt. 40, 113, 117 bzgl. SED-Regime. Hinsichtlich der NS-Zeit siehe BGHSt 18, 367; 23, 137, 139; BGH NJW 1962, 2308. Es geht dabei nicht darum, dem damaligen Machtmißbrauch Gesetzesqualität zuzusprechen, sondern es wird nur seiner entsprechenden praktischen Auswirkung auf die

Konsequenz, daß den Strafverfolgungsbehörden übergeordnete Täter ihre Position dazu mißbrauchen könnten, um durch administrative Ausschaltung des Verfolgungsapparats die Verjährung der eigenen Taten herbeizuführen.

Davon zu trennen ist die Frage, ob man bei der deutschen Verjährungsgesetzgebung von 1993 nicht hinsichtlich des Anwendungsbereichs zu weit gegangen ist. Daß *alle* von 1949 bis 1990 in der DDR begangenen und dort im Widerspruch zu wesentlichen rechtsstaatlichen Grundsätzen nicht verfolgten Straftaten jetzt noch verfolgt werden können, ist für einen so langen Zeitraum nicht mit der Grundidee der Verjährung zu vereinbaren. Taten der leichteren und mittleren Kriminalität, die Jahrzehnte zurückliegen, verlangen zum heutigen Zeitpunkt keine Ahndung mehr. Insoweit fehlt es an einer Limitierung: Die Regelung ist so unhaltbar.[91]

Soviel zu den Verjährungsfragen.

IV.

1. Insgesamt läßt sich feststellen, daß es für ein rechtsstaatliches Strafrecht wegen des Satzes Nullum crimen nulla poena sine lege und der Verjährungsfragen zwar Probleme bereitet, eine strafrechtliche Aufarbeitung von staatlich gesteuertem Unrecht vorzunehmen. Wie sich gezeigt hat, sind diese Probleme aber rechtlich lösbar, ohne daß die Rechtsstaatlichkeit strapaziert wird. Interessant ist dabei das Phänomen, daß Unrechtsregime im strafrechtlichen Bereich vor Unrechtsgesetzen in der Regel zurückschrecken. Weder die Tötung der Juden und vorher der Geisteskranken im Dritten Reich ist etwa durch Gesetze angeordnet worden, noch waren die Waldheim-Justizverbrechen und die gezielten Todesschüsse an der deutsch-deutschen Grenze durch DDR-Gesetze gedeckt. Auch Unrechtsregime sind naheliegenderweise bemüht, im Bereich der Strafgesetzgebung den Eindruck der Korrektheit zu wahren. Dies aber ermöglicht es in der Mehrheit der Fälle, daß man sie beim Worte nimmt und ihnen den Spiegel der eigenen Rechtsordnung vorhält. Erst in zweiter Linie geht es um die Ungültigkeit von Rechtsnormen, wobei man jedoch auch in solchen Fällen zu einer rechtsstaatlichen Verfolgbarkeit gelangt.

2. Die nach alledem zu bejahende strafrechtliche Verfolgbarkeit staatlich gesteuerten Unrechts läßt noch die abschließend anzusprechende Frage offen, ob

---

Tätigkeit der Rechtspflege Rechnung getragen; so auch BGHSt. 40, 113, 117. Gegen das Ruhen der Verjährung von SED-Unrecht jedoch *Bottke,* in: Wiedervereinigung Band II (Anm. 11), S. 203, 237 f.

[91] Darauf haben bereits *Heuer/Lilie,* DtZ 1993, 354, 356 f.; *Pieroth/Kingreen,* NJ 1993, 385, 391 f. und *Lemke,* NJ 1993, 529, 531 f. hingewiesen.

eine Bestrafung nach dem Zusammenbruch eines solchen Regimes gleichwohl sinnvoll erscheint. Ist nicht regelmäßig ein baldiges *Amnestiegesetz* angezeigt? In der Geschichte hat man Amnestien nach der Überwindung einer Gewaltherrschaft häufig als Ausdruck staatsmännischer Weisheit angesehen. Ich nenne nur das „Gebot des Vergessens" 403 v. Chr. in Athen unter Thrasybulos nach dem Sturz des Regimes der dreißig Tyrannen, den Act of indemnity and oblivion Karls II. nach dem Ende der Herrschaft Cromwells und Art. 11 der Charte Constitutionelle von 1814 nach der Niederlage Napoleons.

Hier handelt es sich zunächst um das prinzipielle Problem, ob die eigene Verstrickung einer Gesellschaft in ein Unrechtsregime ihr nicht die moralische Legitimation nimmt, das staatlich gesteuerte Unrecht jener Epoche zu ahnden und deshalb eine Generalamnestie am Platze ist. Sie stellte sich nach der NS-Zeit in der Form, daß zu fragen war, ob eine Gesellschaft, die sich mit einem Unrechtsregime solidarisiert hat, eigentlich für sich die moralische Legitimation in Anspruch nehmen kann, derartige Täter abzuurteilen. Und auf die strafrechtliche Abwicklung der DDR bezogen lautet die Frage: Kann eigentlich eine Gesellschaft, deren östliche Hälfte sich in solchem Maße an das totalitäre Regime angepaßt hatte und deren westliche Hälfte in Teilen ihrer öffentlich tonangebenden Schicht ein erhebliches Maß an Kollaboration eingegangen ist, eine solche Legitimation für sich beanspruchen?

Insoweit muß man beachten, daß bei der Bestrafung nicht die konkreten Bürger einer Gesellschaft eine ihnen gegenüber begangene Schuld des Täters einfordern. Sie sind vielmehr nur der Arm, dessen sich die Gerechtigkeit und das Präventionsbedürfnis bedienen. Vor allem aber bedeutet das Sympathisieren mit einem politischen Regime nicht, daß man auch seine Untaten überhaupt oder insgesamt akzeptiert. So mußte beispielsweise Hitler die Tötung der Geisteskranken abbrechen, als sein Geheimbefehl durchsickerte und Unruhe in der Bevölkerung auslöste. Auch ist der Holocaust nicht ohne Grund vor der deutschen Bevölkerung geheimgehalten worden. Ebenso läßt sich nicht behaupten, daß die Anpassung der DDR-Einwohner an das SED-Regime verbunden gewesen sei mit einer allgemeinen Akzeptanz der Unrechtshandlungen dieses Regimes. Die Legitimation der heutigen Gesellschaft zur Ahndung solcher Taten sollte deshalb nicht zweifelhaft sein.

Ein anderer Aspekt des Amnestieproblems ist die Frage der politischen Opportunität. Es fällt auf, daß es in bezug auf das NS-Unrecht keine weitgreifende Amnestie gegeben hat. Man ging und geht vielmehr davon aus, daß diese Taten, soweit sie nicht leichterer Natur waren und mit unter die allgemeinen strafrechtlichen Amnestiegesetze von 1949 und 1954 fielen,[92] keine Nachsicht verdienen.

---

[92] Das allgemeine Gesetz über die Gewährung von Straffreiheit v. 31. 12. 1949 (BGBl. I, 37) war beschränkt auf rechtskräftige Gefängnisstrafen bis zu 6 Monaten und noch nicht verbüßte Gefäng-

Ist das bezüglich des SED-Unrechts nun anders zu sehen? Das Argument, die geistige Trennung zwischen Ost und West werde durch solche Strafverfahren vertieft, ist nicht schlüssig. Es setzt fälschlich voraus, daß die Bevölkerung der neuen Bundesländer sich mit diesen Straftätern identifiziert. Nicht von ungefähr ist die Initiative zu der durch das erwähnte Zweite Verjährungsgesetz erfolgten Verlängerung der Verjährungsfristen gerade von Abgeordneten aus der ehemaligen DDR ausgegangen.[93] Es würde deshalb bei einer Generalamnestie allein darum gehen, das historische Kapitel DDR hinsichtlich des staatlich gesteuerten Unrechts für erledigt zu erklären und der Vergessenheit zu überantworten. Mit einer solchen Zielsetzung geriete man aber in Widerspruch zur Haltung gegenüber den NS-Taten. Eine Amnestie, die allerdings eine politische und keine wissenschaftliche Frage darstellt, wäre daher, soweit sie über die leichteren Fälle hinausginge, ein gegenteiliges Signal.

Das wird allerdings nichts daran ändern, daß ebenso wie die strafrechtliche Aufarbeitung der NS-Zeit auch die des SED-Regimes im Endergebnis als unbefriedigend empfunden werden wird. Schon jetzt sind die verhängten Strafen im Verhältnis zum Ausmaß des Unrechts niedrig. Es zeichnet sich daher schon heute ab, daß die rechtsstaatliche Strafrechtspflege nur unzureichend geeignet ist, in diesem Bereich den Gerechtigkeitserwartungen der Opfer zu entsprechen und eine ernstliche generalpräventive Wirkung zu entfalten.[94] Sie vermag die insoweit defizitären Ergebnisse einer gewaltlosen Revolution nicht auf justizförmige Weise zu ersetzen. Und bei alledem ist noch zu beachten, daß sich die deutsche Strafjustiz im internationalen Vergleich durchaus als relativ aktiv heraushebt. Betrachtet man die Staaten des ehemaligen sowjetischen Machtbereichs, so wird man – vom Popieluszko-Fall in Polen abgesehen – nach Verurteilungen vergeblich suchen,[95]

---

nisstrafen bis zu 1 Jahr, wobei zudem Taten aus ehrloser Gesinnung ausgenommen waren. Eine weitergehende Sonderregelung enthielt es in § 9 für Handlungen auf politischer Grundlage, die jedoch auf nach dem 8. 5. 1945 begangene Taten begrenzt gewesen ist. Das Straffreiheitsgesetz v. 17. 7. 1954 (BGBl. I, 203) betraf grundsätzlich nur Strafen bis zu 3 Monaten Freiheitsstrafe. In § 6 sah es darüber hinausgehend für Straftaten, die unter dem Einfluß der außergewöhnlichen Verhältnisse des Zusammenbruchs zwischen dem 1. 10. 1944 und dem 31. 7. 1945 in der Annahme einer Amts-, Dienst- oder Rechtspflicht begangen worden sind, Straffreiheit vor, wenn keine schwerere Strafe als Freiheitsstrafe bis zu 3 Jahren verhängt oder zu erwarten war. Mord und Totschlag waren gemäß § 9 ausdrücklich ausgeschlossen.

[93] Darüber *Letzgus,* NStZ 1994, 57.
[94] Pessimistisch hat bereits im Jahre 1991 *Bracher* vermerkt, daß eine auch „den Opfern gerecht werdende Strafjustiz leider schwierig erscheint" (in: 40 Jahre SED-Unrecht. Eine Herausforderung für den Rechtsstaat, Sonderheft 2 der ZfG 1991/9).
[95] Vgl. die Berichte von *K. Bárd* (Budapest) und *A. Zoll* (Krakau) sowie den Diskussionsbeitrag von *J. Sootak* (Dorpat) in ZStW 107 (1995), 119; 134, 138; 183 f. *Zoll* weist zwar darauf hin, daß in Polen etwa 330 Strafverfahren gegen ehemalige Funktionäre des Sicherheitsdienstes, ein Strafverfahren gegen den ehemaligen Obersten Militärstaatsanwalt und Ermittlungen gegen einige frühere Richter laufen. Zu Verurteilungen ist es jedoch bisher nicht gekommen. – Die in Rumänien erfolgte Ver-

und auch in Argentinien ist man trotz in die Tausende gehender politischer Morde praktisch nicht über die Verurteilung einiger Repräsentanten der Militärjunta hinausgekommen.[96]

Soll man nach zwei deutschen Unrechtsregimen innerhalb von nur fünfzig Jahren dann resignierend zur Tagesordnung übergehen? Sicherlich nicht! Ebenso wie sonst in der Kriminalpolitik besteht der beste Weg, Straftaten einzudämmen, hier darin, daß man bei ihren jeweiligen Ursachen ansetzt. Viel ist auch schon damit gewonnen, daß man sich diese bewußt macht. Analysiert man die beiden deutschen Unrechtsregime, so ging es in beiden Fällen um eine ideologische Motivation: um die Realisierung gesellschaftlicher Heilslehren. Deren geistige Wurzeln liegen im ausgehenden 19. Jahrhundert. Sie konnten sich in derart exzessiver Form entwickeln, weil die Grundwerte des gesellschaftlichen Zusammenlebens, vor allem Leben, bürgerliche Freiheit und Eigentum, immer mehr relativiert worden sind. Auf dem Weg zum Dritten Reich kam die Verhaltenheit hinzu, mit der Politiker, Richter und andere Verantwortliche den Rechtsstaat gegen seine Feinde verteidigten. Im Falle der DDR ist natürlich zu berücksichtigen, daß das Unrechtsregime von einer stalinistischen Besatzungsmacht aufgezwungen und gesichert worden ist; aber dieser Staat war innerhalb der europäischen Satellitenländer der Sowjetunion insgesamt der unangenehmste. Im Vergleich zu zeitlich parallelen ausländischen Diktaturen fällt an den beiden deutschen Unrechtssystemen der bis zu den Gaskammern der SS und den Todesstreifen der SED eskalierte Perfektionismus und das Ausmaß der geistigen Manipulierbarkeit auf.

Heute ist der Begriff des Rechtsstaats, der in Deutschland entwickelt worden ist, in das internationale Juristenvokabular eingegangen. Die Ausprägung, die er im westlichen Deutschland seit 1949 erhalten hat, dient in der Gegenwart nicht wenigen Staaten als Orientierung für den Neubeginn. Die Erfahrung mit zwei Unrechtsregimen sollte bei uns eigentlich genügen, um seinen Wert dauerhaft in das Bewußtsein der Bürger einzuprägen.

---

urteilung und Erschießung des Diktators Ceauşescu und seiner Frau war keine rechtsstaatliche Aburteilung, sondern ein revolutionärer Akt.

[96] Vgl. den Bericht von *J. B. J. Maier* (Buenos Aires), ZStW 107 (1995), 143, 146f. Diese verurteilten Militärs sind im übrigen später begnadigt worden.

Veröffentlichungen
der Nordrhein-Westfälischen Akademie der Wissenschaften

Neuerscheinungen 1983 bis 1996

Vorträge G
Heft Nr. GEISTESWISSENSCHAFTEN

266	Gerhard Kegel, Köln	Haftung für Zufügung seelischer Schmerzen
		Jahresfeier am 11. Mai 1983
267	Hans Rothe, Bonn	Religion und Kultur in den Regionen des russischen Reiches im 18. Jahrhundert
268	Paul Mikat, Düsseldorf	Doppelbesetzung oder Ehrentitulatur – Zur Stellung des westgotisch-arianischen Episkopates nach der Konversion von 587/89
269	Andreas Kraus, München	Die Acta Pacis Westphalicae
270	Gerhard Ebeling, Zürich	Lehre und Leben in Luthers Theologie
271	Theodor Schieder, Köln	Über den Beinamen „der Große" – Reflexionen über historische Größe
272	J. Nicolas Coldstream, London	The Formation of the Greek Polis: Aristotle and Archaeology
273	Walter Hinck, Köln	Das Gedicht als Spiegel der Dichter. Zur Geschichte des deutschen poetologischen Gedichts
274	Erich Meuthen, Köln	Das Basler Konzil als Forschungsproblem der europäischen Geschichte
275	Hansjakob Seiler, Köln	Sprache und Gegenstand
276	Gustav Adolf Lehmann, Köln	Die mykenisch-frühgriechische Welt und der östliche Mittelmeerraum in der Zeit der „Seevölker"-Invasionen um 1200 v. Chr.
277	Andreas Hillgruber, Köln	Der Zusammenbruch im Osten 1944/45 als Problem der deutschen Nationalgeschichte und der europäischen Geschichte
278	Niklas Luhmann, Bielefeld	Kann die moderne Gesellschaft sich auf ökologische Gefährdungen einstellen?
		Jahresfeier am 15. Mai 1985
279	Joseph Ratzinger, Rom	Politik und Erlösung. Zum Verhältnis von Glaube, Rationalität und Irrationalem in der sogenannten Theologie der Befreiung
280	Hermann Hambloch, Münster	Der Mensch als Störfaktor im Geosystem
281	Reinhold Merkelbach, Köln	Mani und sein Religionssystem
282	Walter Mettmann, Münster	Die volkssprachliche apologetische Literatur auf der Iberischen Halbinsel im Mittelalter
283	Hans-Joachim Klimkeit, Bonn	Die Begegnung von Christentum, Gnosis und Buddhismus an der Seidenstraße
284	2. Akademie-Forum	Technik und Ethik
	Wolfgang Kluxen, Bonn	Ethik für die technische Welt: Probleme und Perspektiven
	Rudolf Schulten, Aachen/Jülich	Maßstäbe aus der Natur für technisches Handeln
285	Hermann Lübbe, Zürich	Die Wissenschaften und ihre kulturellen Folgen. Über die Zukunft des *common sense*
286	Andreas Hillgruber, Köln	Alliierte Pläne für eine „Neutralisierung" Deutschlands 1945–1955
287	Otto Pöggeler, Bochum	Preußische Kulturpolitik im Spiegel von Hegels Ästhetik
288	Bernhard Großfeld, Münster	Einige Grundfragen des Internationalen Unternehmensrechts
289	Reinhold Merkelbach, Köln	Nikaia in der römischen Kaiserzeit
290	Werner Besch, Bonn	Die Entstehung der deutschen Schriftsprache
291	Heinz Gollwitzer, Münster	Internationale des Schwertes. Transnationale Beziehungen im Zeitalter der „vaterländischen" Streitkräfte
292	Bernhard Kötting, Münster	Die Bewertung der Wiederverheiratung (der zweiten Ehe) in der Antike und in der Frühen Kirche
293	5. Akademie-Forum	Technik und Industrie in Kunst und Literatur
	Volker Neuhaus, Köln	Vorwurf Industrie
	Klaus Wolfgang Niemöller, Köln	Industrie, Technik und Elektronik in ihrer Bedeutung für die Musik des 20. Jahrhunderts
	Hans Schadewaldt, Düsseldorf	Technik und Heilkunst
294	Paul Mikat, Düsseldorf	Die Polygamiefrage in der frühen Neuzeit
295	Georg Kauffmann, Münster	Die Macht des Bildes – Über die Ursachen der Bilderflut in der modernen Welt
		Jahresfeier am 27. Mai 1987

296	*Herbert Wiedemann, Köln*	Organverantwortung und Gesellschafterklagen in der Aktiengesellschaft
297	*Rainer Lengeler, Bonn*	Shakespeares Sonette in deutscher Übersetzung: Stefan George und Paul Celan
298	*Heinz Hürten, Eichstätt*	Der Kapp-Putsch als Wende. Über Rahmenbedingungen der Weimarer Republik seit dem Frühjahr 1920
299	*Dietrich Gerhardt, Hamburg*	Die Zeit und das Wertproblem, dargestellt an den Übertragungen V. A. Žukovskijs
300	*Bernhard Großfeld, Münster*	Unsere Sprache: Die Sicht des Juristen
301	*Otto Pöggeler, Bochum*	Philosophie und Nationalsozialismus – am Beispiel Heideggers
		Jahresfeier am 31. Mai 1989
302	*Friedrich Ohly, Münster*	Metaphern für die Sündenstufen und die Gegenwirkungen der Gnade
303	*Harald Weinrich, München*	Kleine Literaturgeschichte der Heiterkeit
304	*Albrecht Dihle, Heidelberg*	Philosophie als Lebenskunst
305	*Rüdiger Schott, Münster*	Afrikanische Erzählungen als religionsethnologische Quellen, dargestellt am Beispiel von Erzählungen der Bulsa in Nordghana
306	*Hans Rothe, Bonn*	Anton Tschechov oder Die Entartung der Kunst
307	*Arthur Th. Hatto, London*	Eine allgemeine Theorie der Heldenepik
308	*Rudolf Morsey, Speyer*	Die Deutschlandpolitik Adenauers. Alte Thesen und neue Fakten
309	*Joachim Bumke, Köln*	Geschichte der mittelalterlichen Literatur als Aufgabe
310	*Werner Sundermann, Berlin*	Der Sermon von der der Seele. Ein Literaturwerk des östlichen Manichäismus
311	*Bruno Schüller, Münster*	Überlegungen zum ‚Gewissen‘
312	*Karl Dietrich Bracher, Bonn*	Betrachtungen zum Problem der Macht
313	*Klaus Stern, Köln*	Die Wiederherstellung der deutschen Einheit – Retrospektive und Perspektive
		Jahresfeier am 28. Mai 1991
314	*Rainer Lengeler, Bonn*	Shakespeares *Much Ado About Nothing* als Komödie
315	*Jean-Marie Valentin, Paris*	Französischer „Roman comique" und deutscher Schelmenroman
316	*Nikolaus Himmelmann, Bonn*	Archäologische Forschungen im Akademischen Kunstmuseum der Universität Bonn: Die griechisch-ägyptischen Beziehungen
317	*Walther Heissig, Bonn*	Oralität und Schriftlichkeit mongolischer Spielmanns-Dichtung
318	*Anthony R. Birley, Düsseldorf*	Locus virtutibus patefactus? Zum Beförderungssystem in der Hohen Kaiserzeit
319	*Günther Jakobs, Bonn*	Das Schuldprinzip
320	*Gherardo Gnoli, Rom*	Iran als religiöser Begriff im Mazdaismus
321	*Claus Vogel, Bonn*	Mīramīrāsutas Asālatiprakāśa – Ein synonymisches Wörterbuch des Sanskrit aus der Mitte des 17. Jahrhunderts
322	*Klaus Hildebrand, Bonn*	Die britische Europapolitik zwischen imperialem Mandat und innerer Reform 1856–1876
323	*Paul Mikat, Düsseldorf*	Die Inzestverbote des Dritten Konzils von Orléans (538). Ein Beitrag zur Geschichte des Fränkischen Eherechts
324	*Hans Joachim Hirsch, Köln*	Die Frage der Straffähigkeit von Personenverbänden
325	*Bernhard Großfeld, Münster*	Europäisches Wirtschaftsrecht und Europäische Integration
326	*Nikolaus Himmelmann, Bonn*	Antike zwischen Kommerz und Wissenschaft
		Jahresfeier am 8. Mai 1993
327	*Slavomír Wollman, Prag*	Die Literaturen in der österreichischen Monarchie im 19. Jahrhundert in ihrer Sonderentwicklung
328	*Rainer Lengeler, Bonn*	Literaturgeschichte in Nöten. Überlegungen zur Geschichte der englischen Literatur des 20. Jahrhunderts
329	*Annemarie Schimmel, Bonn*	Das Thema des Weges und der Reise im Islam
330	*Martin Honecker, Bonn*	Die Barmer Theologische Erklärung und ihre Wirkungsgeschichte
331	*Siegmar von Schnurbein, Frankfurt/Main*	Vom Einfluß Roms auf die Germanen
332	*Otto Pöggeler, Bochum*	Ein Ende der Geschichte? Von Hegel zu Fukuyama
333	*Niklas Luhmann, Bielefeld*	Die Realität der Massenmedien
334	*Josef Isensee, Bonn*	Das Volk als Grund der Verfassung
335	*Paul Mikat, Düsseldorf*	Die Judengesetzgebung der fränkisch-merowingischen Konzilien
336	*Bernhard Großfeld, Münster*	Bildhaftes Rechtsdenken. Recht als bejahte Ordnung
337	*Herbert Schambeck, Linz*	Das österreichische Regierungssystem. Ein Verfassungsvergleich
338	*Hans-Joachim Klimkeit, Bonn*	Manichäische Kunst an der Seidenstraße
339	*Ernst Dassmann, Bonn*	Frühchristliche Prophetenexegese
340	*Nikolaus Himmelmann, Bonn*	Sperlonga. Die homerischen Gruppen und ihre Bildquellen